공부가 새로워지는

토론학습 1 교시
Debate First Class

황연성 지음

에이브러햄 링컨
Abraham Lincoln

황희
黃喜

이비락 樂

초판 1쇄 발행 2013년 6월 20일

지 은 이   황연성

펴 낸 이   강기원
펴 낸 곳   도서출판 이비컴
편   집   주기선
일러스트   유재헌
표   지   미디어픽스
마 케 팅   김동중, 이은미

주   소   (130-811) 서울 동대문구 신설동 96-24 세원빌딩402호
대표전화   (02)2254-0658 팩스 (02)2254-0634
전자우편   help@bookbee.co.kr

등록번호   제6-0596호(2002.4.9)
ISBN 978-89-6245-091-0 (13370)

ⓒ 황연성, 2013

파본이나 잘못 인쇄된 책은 구입하신 서점에서 교환해드립니다.

이 도서의 국립중앙도서관 출판시도서목록(CIP)은 서지정보유통지원시스템 홈페이지(http://seoji.nl.go.kr)와
국가자료공동목록시스템(http://www.nl.go.kr/kolisnet)에서 이용하실 수 있습니다.(CIP제어번호: CIP2013008047)

"토론의 달인이 세상을 이끕니다."

 부모님과 선생님들은 어린이들이 '무엇이 될 것인가' 보다는 '어떻게 살아 갈 것인가'에 대해 관심이 많습니다. 똑똑하고 착한, 소위 스마트 한 어린이들이 되길 바라는 것이지요. 수많은 어른들과 교육학자들은 마음이 따뜻하고 차가운 머리를 지닌 어린이들을 만드는 교육방법에 대해 고민을 거듭하고 있습니다.

 교육학 박사로서 1999년부터 초등학교 교실에서 토론수업을 연구해 오고 있는 황 선생님과 함께 토론 공부를 시작해서 맛들인 어린이들은 토론에 깊이 빠져들게 됩니다.
 내가 아끼는 후배교사인 황 선생님에게 작년부터 초등학교 어린이들을 대상으로 토론학습 관련 책을 출판했으면 좋겠다는 충고를 계속해 왔습니다. 왜냐하면 토론학습지도 관련 책들은 몇 권이 출판되어 있으나 어린이들이 쉽게 이해하고 직접 토론을 즐길 수 있는 책들은 거의 없었기 때문입니다. 드디어 그 충고가 결실을 맺게 된 것입니다. 너무도 기뻤습니다.

 이 책은 확실한 특징이 있습니다. 어린이들이 이 책을 읽는 것만으로 토론을 직접 해 볼 수 있는 내용으로 만들어져 있습니다. 또한 이 책은 토론학습 자체에만 목적이 있지 않습니다. 토론을 통해서 어린이들이 사물이나 현상을 한 면에서만 바라보지 않고 여러 면에서 살펴 볼 수 있는 비판적 사고력을 키워주려는 정성이 뜨겁습니다.

'토론의 달인이 세상을 이끈다' 는 말이 있습니다. 토론을 위해 독서를 즐겨하게 되고 토론을 하고 나면 글쓰기가 자연스럽게 됩니다. 토론을 통해 말하기, 듣기, 읽기, 쓰기, 정보 검색 능력이 크게 발전해서 수준 높은 생각과 따뜻한 마음 및 창의력이 높아지게 됩니다.

언제나 그렇듯 역사는 늘 새로운 리더를 원해왔습니다. 대중의 말에 귀를 기울이고 그들의 마음을 움직일 수 있는 최고의 지도자! 그들은 토론을 통해 성장하고 있습니다. 토론이야 말로 미래의 리더를 키우는 최상의 교육입니다. 상대의 말을 경청하고 상대를 논리와 감성으로 설득하는 토론 능력은 수많은 협상과 타협이 존재하는 국제사회의 생존게임에서 반드시 갖추어야 할 핵심경쟁력입니다. 토론을 이끄는 자, 그가 곧 세상을 이끌게 될 것입니다.

이창건
(예일초등학교장, 아동문학가)

프롤로그

"모든 공부는 토론과 통한다."

토론의 시조라고 일컫는 그리스의 철학자 프로타고라스는 "인간은 만물의 척도이다. 그 만물은 그런 것과 그렇지 않은 것으로 이루어졌다."라는 명제를 남겼어요. 모든 주장과 사상은 그 안에 반대 주장과 사상을 포함하기 때문에 토론을 통해 진리를 규명해야 한다는 뜻이에요. 영국의 철학자 존 스튜어트 밀도 "일반적이거나 우세한 견해가 거의 온전한 진실이 아닌 경우가 많기 때문에 진실의 나머지가 보충될 기회를 토론으로 얻어야 한다"며 역시 토론의 중요성을 강조하고 있어요. 실제 사회적 이슈를 찬반으로 나눠 토론하면 이해의 폭이 훨씬 넓어진다는 사실을 깨닫게 돼요. 이러한 체험이 쌓이면 개인의 문제뿐만 아니라 사회적인 문제도 토론으로 해결할 수 있다는 확신을 갖게 되지요. 물론 질문도 잘해야 해요. 프랑스 철학자 볼테르는 "답변 대신 질문으로 사람을 판단하라"고 말하고 있어요. 실제 토론 수업을 하다보면 반론 단계에서 '질문의 힘'이 얼마나 중요한지 알게 됩니다.

토론에 대한 학생들의 반응은 어떠할까요? 토론을 꾸준히 하고 있는 학생들이 학습지 철에 붙여놓은 타이틀을 보면 '위인을 만드는 토론', '토론을 하면 사람이 바뀐다', '성공의 앞길 토론!'이라고 쓰여 있어요. 이러한 학생들의 글을 보면 토론은 음식으로 비유할 때 건강 보양식이고 참된 인간을 만들어주는 마법과도 같다는 생각을 하게 됩니다.

"신나는 토론 수업은 우리 세대에서는 상상할 수 없는 수업방식이었어요. 수업에 임하는 학생들의 바른 태도와 진지한 발표 등이 매우 감명 깊었습니다." '교내에 CCTV를 설치해야 한다' 라는 논제로 진행한 토론 공개수업을 참관했던 한 학생의 아버지는 수업방식에 놀라고, 학생들의 태도에 또 한 번 놀랐다는 내용을 참관 소감문에 담아 보내왔어요. 또 다른 학생의 어머니는 "자료를 꼼꼼히 준비하는 아이들의 모습이 놀라웠고, 역시 발표 태도가 인상 깊었다"는 내용의 소감문을 보내주셨어요. "우리 아이도 전날 밤늦게까지 자료를 정리하고 찬반 의견을 꼼꼼히 챙겼습니다. 입론 단계부터 각자가 준비한 의견과 근거자료를 발표하고, 특히 반론 단계에서 서로의 입장이나 의견을 존중하는 태도를 지키며 질문하고 대답하는 장면은 감동 그 자체였습니다." 등등

토론 수업을 하면서 키운, 반대의견을 용인할 줄 아는 사고방식과 태도는 문제를 더욱 깊이 들여다보게 하는 열정의 근원이 됩니다. 뿐만 아니라 다양한 논제로 토론을 하는 가운데 자신의 생각과 태도를 돌아보는 성찰의 힘도 키워가지요. 21세기 사회에는 이런 능력들이 매우 중요해요. 사회가 발달할수록 쉽게 해결이 안 되는 문제가 늘어나는데, 이런 문제를 민주적이고 이성적으로 판단해 결정하도록 돕는 것이 바로 토론이거든요.

공교육이든 사교육이든 토론 학습방법을 적용했던 선생님들은 입을 모아 말합니

다. "토론 학습은 학생들의 실력향상의 측면뿐만 아니라 인성지도에도 놀라운 효과를 발휘하고 있습니다. 무엇보다도 자신과 친구들을 존중할 줄 알게 되고 학습에 흥미와 자신감을 가지게 해 줍니다."라고 말입니다.

21세기는 집단 지성의 시대라고 합니다. 세상은 2% 안에 든 사람에 의해서가 아니라 98% 평범한 사람들에게 공유되고 나눠지고 다듬어진 정보와 생각에 의해 움직인다는 말이에요. 이런 시대에 중요한 능력이 문제 해결을 위해 생각을 모으고, 논리적으로 상대방을 설득하는 토론 능력이에요. 미래 사회에서 토론 능력은 민주시민으로서 갖춰야 할 기본 자질이자 모두가 함께 살아남기 위한 생존기술이기도 합니다. 한국 교육개발원과 한국 청소년정책연구원이 세계 중학생 14만 600여 명의 설문을 토대로 한 연구에서 우리나라 청소년의 사회적 상호작용 지수는 조사 대상 36개국 가운데 최하위인 35위였어요. 가정과 학교에서 토론 교육이 시급한 이유에요. 특히 토론은 생활 속에서 익혀야하는 습관이므로 가정에서의 자연스러운 교육도 중요해요.

토론은 단순히 말하고 듣는 차원을 넘어서 지식융합적이고 사고력을 기반으로 하는 고도의 학습 방법이에요. 그렇기 때문에 발표하기와 경청하기부터 사고력 훈련, 자료 검색하는 방법까지 알고 있어야 해요. 혼자서 공부하는 것이 아닌 토론은 팀원들끼리의 팀워크가 무엇보다도 중요해요. 그렇기 때문에 어떻게 팀을 구성하면 효율적으로 토론을 할 수 있는 지에 대한 연구결과도 실었어요. 뿐만 아니라 토론학습의 대표적인 형식인 찬반대립토론이라는 디베이트 학습의 전모를 세밀하게 살펴본 것 또한 이 책의 특징이에요. 또한 교과별 토론 학습을 더욱 쉽게 접근하고 적용하는 방법과 교과 통합 토론과 교육과정을 재구성한 사례에 대해서도 언급했어요.

토론은 우리가 이제까지 경험해왔던 여러 가지 학습방법들처럼 몇 년이 지나면 바람처럼 스치고 지나가버리는 단기적인 학습방법이 아니랍니다. 멀리는 그리스의 프로타고라스와 소크라테스부터 시작되어 본격적으로는 500여 년 전 영국의 케임브리지와 옥스퍼드 대학부터 전 유럽국가들, 미국, 캐나다, 일본, 인도, 한국 등의 나라들이 '전 세계의 교육'이라는 나무를 키워내는 지하수와 같은 역할을 하고 있어요. 서양과 동양의 사고체계의 근본이라고 해도 결코 지나치지 않다고 할 수 있어요.

이 책을 통하여 학업성취도만을 올려주는 단편적인 수업에서 상대 측 친구들의 인격과 의견을 존중하는 따뜻한 마음뿐만 아니라 같은 모둠의 친구들, 다른 모둠의 친구들과 사귈 수 있는 능력을 키울 수 있어요. 이른바 '전인적 학생'들이 만들어집니다. 토론은 올바른 가치탐구능력을 길러주는 최고의 학습 방법이에요. 우리 사회 구성원들에게 무엇이 행복을 가져다주는지 탐구하고, 그것을 달성하기 위해 사물이나 현상을 두루 살피다보면 비판적 사고력, 창의적 문제해결능력, 자신 있는 발표력 같은 능력들이 함께 길러집니다. 독서가 물고기라면 토론은 낚시법이에요. 낚시하는 솜씨가 아무리 뛰어나더라도 물고기가 없으면 의미가 없지요. 따라서 토론에 앞서 다양한 분야에 걸친 독서가 이뤄져야 하고 토론을 통해 독서에서 얻은 지식과 지혜를 나누면서 더 깊고 넓게 만들어 가야 해요. 그리고 토론을 통해 관련 주제에 대한 정보를 충분히 확보하고 깊이 있게 생각해봤다면 마지막으로 논술문을 써서 자신의 주장을 펼쳐보는 것도 좋아요.

무엇보다도 교육공동체들인 학부모와 학생들의 요구와 바람이 놀랍고 교사들 또한 토론의 시대적 요구에 눈을 뜨고 선도적인 역할을 하려는 노력들이 한창이에요. 이 책은 초등학교 중학년 이상의 학생은 물론, 중·고등학생과 대학생, 학부모, 교사도 어려움 없이 쉽게 이해 할 수 있도록 안내하고 있어요.

지구촌 시민들의 필수 교양이 된 토론에 관한 이론과 실제를 책으로 엮어서 세상에 조심스레 내 보냅니다. 15년 동안 함께 토론 수업을 위해 열심히 노력해준 사랑하는 예일초등학교의 제자들, 여러모로 애써주신 출판사 가족들에게 깊은 감사의 마음을 표하고 싶습니다.

2013년 6월
예일초등학교 교사 **황연성**

CONTENTS

Chapter 01 공부의 방법을 바꿔주는 디베이트

- **01 / 토의·토론 학습은 왜 필요할까?** • 16
  - 책만 읽는 것이 독서일까? • 16
  - 토의·토론 학습이 학습 참여도를 높여 준다고? • 17
  - 학생들이 토의·토론 학습을 좋아하는 8가지 이유 • 18
- **02 / 디베이트 학습 효과를 높여주는 리더십** • 20
  - 21세기 리더가 갖추어야 할 3가지! • 20
  - 개성, 동기, 능력은 디베이트 학습에 어떤 효과를 줄까? • 21
- **03 / 우리 선조들은 어떻게 토론했을까?** • 24
  - 황희의 말대로 하라! • 24
  - 『세종실록』을 보면 성군 세종대왕이 보여요! • 25
- **04 / 서양은 언제부터 토론을 시작했을까?** • 30
  - 영국과 미국의 디베이트 역사 • 30
  - 미국 대통령들을 배출한 디베이트 클럽 • 31
  - 바람직한 사회를 위한 크고 작은 디베이트 이슈들 • 32
- **05 / 강한 회사는 회의가 달라요!** • 33
  - 20시간 회의? S그룹 이야기 • 33
  - 좋은 경청자가 되자! • 34

Chapter 02 누구나 할 수 있는 디베이트

- **01 / 디베이트 학습을 배워요** • 38
  - 디베이트 학습의 5가지 특징 알기 • 38
- **02 / 놀라운 학습 효과를 주는 디베이트** • 42

CONTENTS

03 / 자신감을 주는 발표란? • 45
　발표를 잘하기 위한 몸의 기본자세는? • 45
　발표를 잘하기 위한 말하기의 기초 • 46
　상황별 말의 형식 적용해보기 • 48

04 / 잘 듣기 위해서는? • 51
　상대 측의 발표를 경청하려면 어떻게 해야 할까? • 51

05 / 추리와 논리, 오류 알아보기 • 54
　추리 • 54
　논리 • 56
　오류 • 56

06 / 디베이트 논제는 어떻게 정할까? • 62
　논쟁성을 지녀야 한다. • 62
　논제는 하나의 중심 생각을 나타내야 한다. • 62
　논제를 구성하는 단어의 개념이 명확해야 한다. • 63
　가치중립적인 용어를 사용해야 한다. • 63
　찬성 측이 바라는 긍정적 진술로 이루어진다. • 63
　좋은 논제는 토론자들은 물론 판정인, 청중 모두의 필요와 목적을
　고려해야 한다. • 65
　논제를 정할 때에는 참가자들의 수준에 맞고 필요한 자료들을 다양한 매체를
　활용해서 많이 찾아볼 수 있는 것이어야 한다. • 65

07 / 디베이트 학습의 3가지 논제 • 68
　정책 논제란? • 68
　가치 논제란? • 72
　사실 논제란? • 77

08 / 찬성 측, 반대 측, 판정인 잘 나누기 • 83

09 / 논제에 따른 자료 조사하기 • 86
　예비 토의를 통한 자료 검색 • 86
　자료 검색 방법 • 87
　자료 수집 카드 이용 • 88

CONTENTS

Chapter 03 디베이트 실전을 위한 방법들

01 / 사회자가 할 일 • 92
 논제와 규칙 설명 • 92
 작전타임(반론 협의) • 93
 작전타임(반론꺾기 협의) • 93
 작전타임(최종변론 협의) • 94
 판 정 • 94
 입론(주장 펼치기) • 92
 1차 반론(반론펴기) • 93
 2차 반론(반론꺾기) • 93
 최종 변론 • 94

02 / 팀원의 사기를 높이는 조장의 인사말 • 95

03 / 입론(立論)으로 자기 측 주장의 밑그림을 확실하게! • 97
 입론 시 논제에 대한 의견 발표 방법 5가지 • 97
 논점별 세부내용 나누기 • 101
 입론의 노련한 예 • 104
 입론에 대한 피드백 • 104

04 / 성공적으로 증거를 제시하려면? • 108

05 / 논증(論證)은 디베이트 학습의 핵심! • 110

06 / 논증은 어떻게 만들까? • 113

07 / 반론(反論)은 디베이트 학습의 꽃 • 118
 1차 반론(반론펴기) • 119
 2차 반론(반론꺾기) • 119
 성공적인 반론꺾기 • 120

08 / 반론할 때 상대 측의 주장을 비판적으로 경청하는 기준은? • 131

09 / 최종 변론에서는 옥석을 가려 발표하자 • 140
 최종 변론의 구성 요소 • 140
 좋은 이미지 남기기 • 142
 최종 변론 때 지녀야 할 태도 • 143

10 / 판정인을 감동시키는 토론자 • 146
 청중을 사로잡는 토론자의 스타일 • 146
 주장을 잘 증명해주는 내용 • 149
 의견을 뒷받침 하는 자료 • 150

Chapter 04 교과토론과 그 밖의 토론 배우기

01 / 토론을 이용한 국어 공부 • 156
　　　토론 주제 선정하기 • 157

02 / 수학 문제, 토의·토론으로 해결하기 • 160
　　　2009년 개정 수학과 학습 내용의 뼈대는 RME와 스토리텔링식 공부법 • 161
　　　프로이덴탈의 5가지 현실적 수학교육에 대한 주장 • 162
　　　스토리텔링 스팀형 수학이 중요하다. • 163

03 / 토론 사례로 체험하는 사회 • 165
　　　역사 속에서 전개되었던 논쟁을 토론 주제로 끌어낸 사례 • 165
　　　시각자료(회화·실물자료·사진자료)를 이용한 토론 주제 • 168
　　　사회과 역사 관련 토론 주제의 예 • 170

04 / 과학실험은 토의·토론으로! • 172
　　　과학 토론 수업의 절차 • 174
　　　토론식 수업을 통한 창의적 사고의 발현 • 175
　　　과학 토론에서 발산적 사고하기 • 176
　　　과학 토론의 논제를 다각도로 분석하기 위한 관찰법 • 177

05 / 교과 통합 토의·토론의 멋 • 178

06 / 신문을 활용한 토론 • 194

07 / 영화관람 후의 토론 • 196

08 / 책을 읽고 난 후의 독서 토론 • 200

부 록 • 205

01 / 디베이트 학습지 사례 • 206

02 / 각종 디베이트 대회 알아보기 • 209

03 / 디베이트 대회 참가자 준비 방법 • 218

04 / 실전 디베이트 논제와 필수쟁점 5개 • 228

참고문헌 • 238

**바람과 파도는
항상 가장 유능한 항해자의 편에 선다.**
| 에드워드 기본 |

01
Chapter

공부의 방법을 바꿔주는
디베이트

01 / 토의·토론 학습은 왜 필요할까?
02 / 디베이트 학습 효과를 높여주는 리더십
03 / 우리 선조들은 어떻게 토론했을까?
04 / 서양은 언제부터 토론을 시작했을까?
05 / 강한 회사는 회의가 달라요!

CLASS

01
토의·토론 학습은 왜 필요할까?

지식이 모든 활동의 기반이 된 현대사회는 정보의 바다에서 지식이라는 값진 물고기를 잡아내고 소화시키는 데 필요한 개인의 실력뿐만 아니라 팀을 이루어 연구할 것을 요구하고 있어요. 이러한 흐름에 딱 들어맞는 토의·토론학습은 그리스 시대 때부터 있어 왔고 현재와 미래까지 지속될 거예요. 학습주제에 대하여 각자의 생각을 이야기하고 그것들을 판단하여 주제에 가장 적합한 의견을 모으는 토의와 토론학습이 절실히 필요해요. 왜냐하면 토의와 토론 활동은 다양한 배경지식을 요구하고 있기 때문이지요.

책만 읽는 것이 독서일까?

영화나 연극, 드라마 감상 같은 것들도 독서 활동이라고 할 수 있을까요? 과거에는 글로 된 책을 읽는 것만을 '독서'라고 생각했어요. 하지만 현대사회에서는 정보를 찾고 지식을 쌓거나 생각을 변화시켜주는 모든 활동을 독서라고 해요. 그래서 현대적 의미의 독서활동은 책을 읽는 것뿐만 아니라 신문, 잡지, 영상매체 감상, 연극 감상, 여행, 인터뷰 등과 같은 활동들도 포함시킨답니다. 토의와 토론은 독서로써 찾아낸 지식을 사람들과 생각을 나누면서 생각하는 훈련을 쌓게 해줘요. 이는 논리를 요하는 논술과도 연결되어 그것의 바탕이 되기도 한답니다.

토의·토론 학습이 학습 참여도를 높여 준다고?

토의와 토론 학습 방법은 학생들에게 올바른 가치를 탐구하고 문제를 창의적으로 해결하며 이웃과 더불어 살아갈 민주 시민의식 뿐만 아니라 의사소통 능력을 키워주는 데 크게 기여하고 있어요. 기초지식과 배경지식을 점검하고, 핵심지식을 정리해서 그 이유를 찾으며 핵심지식을 응용할 수 있는 문제풀이를 해 보는 토론이 이루어 질 수도 있어요.

토의·토론 학습이 주목을 받게 된 또 다른 이유는 학생들의 학습참여도를 높일 수 있다는 것이에요. 전통적인 의미의 수업을 볼 때, 교사는 앞에서 '외롭게 설명하는 사람'이고 학생들은 '수동적으로 듣는 사람'이였어요. 학생들이 수동적일 때 학습에 참여하는 시간이 줄어드는 것은 어쩌면 당연한 결과에요. 이제까지의 연구들은 학생의 학습 참여시간이 성적 향상과 밀접한 관계가 있다는 사실을 증명해 왔어요.

그래서 교사들은 학생들을 학습에 참여시키는 시간을 늘리기 위해 여러 가지 방법을 실천해 보고 있어요. 대개 학습 시간은 크게 세 가지로 분류해 볼 수 있어요. 첫째는 교사나 학생 자신이 '계획한 학습 시간'이에요. 즉 학교의 수업 시간이나 가정의 자율 학습 시간을 말해요. 둘째는 수업 시간이나 자신이 계획한 시간에 '몰입하는 시간'이에요. 다시 말해서 실제로 학습하는 시간이라고 볼 수 있어요. 셋째는 '학구적인 학습 시간'으로 높은 집중도로 학습에 몰입하는 시간을 말해요. 학습 밀도가 가장 높은 시간을 말하죠. 학생들이 얼마나 학습에 몰두하느냐가 성적 향상의 수준을 결정해요. 학생들이 학습에 몰입하도록 하기 위해 학생 자신뿐만 아니라 교사와 학부모 모두가 함께 노력해야 할 것이에요.

토의·토론 학습은 학생들이 학습에 몰입하게 하는, 즉 학구적인 학습 시간을 높이는 좋은 방법이에요. 선생님이 주도하는 설명식 수업의 경우 처음 시작 할 때에는 맥박 수가 높았으나 금방 낮아지는 것을 볼 수 있어요. 그렇지만 토의·토론식 학습은 설명식 수업에 비해서 오랫동안 높은 맥박수를 유지한다고 해요. 그만큼 학습에 푹 빠져서 공부한다는 것이죠. 물론 맥박 수 자체만으로 학습 몰입도를 완전히 측정한다는 것은 무리에요. 가령, 열심히 자율 학습을 하는 학생도 학습에 몰입한 경우이지만 맥박이 높게 뛰지 않기 때문이에요. 그러나 일반적인 설명식 수업에서 주로 선생님은 말하고 학생들은 듣는 형태이기 때문에 자율 학습에서의 맥박수와는 같을 수가 없을 거예요.

학생들이 토의·토론 학습을 좋아하는 8가지 이유

토의·토론 학습이 학생들의 몰입도를 증가시키는 이유는 매우 다양한데, 린치라는 학자는 학생들이 토의·토론 학습을 좋아하는 이유에 대한 연구결과를 다음과 같이 발표했어요.

첫째, 비공식적이며, 자연스럽다. 주로 소집단으로 토의·토론 학습을 할 때에는 더욱 편안한 마음으로 수업에 참여할 수 있어요. 교사가 주도하는 수업에서는 선생님이 언제 어떠한 질문을 던질지 모르고 그 질문에 적절하게 대답해야 하는 떨리는 마음이 있지만 토의·토론 학습에는 긴장감이 없고, 만약 긴장감이 있다면 그것은 스스로 택한 것이기 때문에 긍정적인 것으로 볼 수 있어요.

둘째, 다양한 정보를 얻을 수 있다. 교사로부터 얻는 정보보다 많은 학생들로부터 얻는 정보가 더 다양할 수 있어요. 또한 수업 주제 이외의 부가적으로 얻게 되는 정보와 지식을 무시할 수 없을 거예요.

셋째, 서로 다른 여러 사람을 만날 수 있다. 전통적인 수업시간에서는 만날 수 없는 친구들을 상당히 깊게 만날 수 있는 기회가 되요. 학생들은 가능한 많은 친구들을 만나고 상호작용하기를 기대하지요.

넷째, 학생들이 하고 싶어 하는 주제로 토의·토론 학습을 할 수 있다. 학생들이 원하는 내용의 수업은 당연히 참여도가 높을 수밖에 없어요.

다섯째, 자유롭게 말할 수 있다. 학생들은 누구나 말을 하고 싶어 해요. 그러나 선생님 주도의 수업에서 학생들은 자신이 하고 싶은 말을 자유롭게 할 수 없어요. 주제에 대해 옆 친구들과 이야기 하면 수업 진도에 방해가 되기 때문에 선생님은 "조용히 하세요."라는 말을 하게 되요. 이러한 말은 학생들이 가장 많이 듣는 말 중의 하나이고, 가장 듣기 싫어하는 말 중의 하나일 거예요. 그러나 토의·토론 학습에서는 말을 하도록 격려를 받는답니다.

여섯째, 문법이나 형식에 크게 구애받지 않고 말을 할 수 있다. 토의·토론 수업에서의 발표력은 국어 시간에 하는 말하기와는 달라요. 문법 같은 형식 보다는 내용을 중시하기 때문에 편안한 마음에서 참여할 수 있기 때문이에요.

일곱째, 토의·토론 수업을 하면서 자기가 생각했었던 것들을 점검해 볼 수 있다. 뿐만 아니라 수업이 끝날 즈음에 교사가 수업에 대한 감상평이나 정리하는 말을 해 줄 때 더 의미 있는 학습활동이 될 수 있어요.

여덟째, 친구들이 하는 말을 귀 기울여 듣는 습관이 만들어진다. 학생들에게 경청은 그리 쉽지 않아요. 상대 측뿐만 아니라 자기 측의 발표 내용도 잘 알아들어야 하고, 그 내용도 이해하면서 자기가 생각한 것과 비교하며 들어야 하기 때문이에요. 토의·토론 학습을 통해 경청의 능력도 크게 향상돼요.

CLASS

02
디베이트 학습 효과를 높여주는 리더십

사람들은 지도자를 이야기할 때 국가적인 영웅을 생각해요. 리더십은 일반적으로 낭만적이며 영웅적인 이미지를 갖지요. 그렇지만 요즘에는 리더십이 점점 더 구체적이며 일상화 되어가고 있어요. 리더십에 대한 연구의 초창기에는 리더십과 비리더십의 비교가 활발했으나 이후로는 리더의 특성과 효과적인 리더십과의 관계에 대한 연구로 전환되었어요. 21세기의 효과적인 리더십에 관하여 많은 학자들이 내린 특성들은 개성, 동기, 능력으로 압축해 볼 수 있고 이러한 것들을 키워주는 데 디베이트 학습이 크게 기여하고 있음을 확인했지요.

21세기 리더가 갖추어야 할 3가지!

21세기 리더가 지녀야 할 첫 번째 특성인 개성은 개인을 특정한 방식으로 행동하게 하는 상대적으로 안정된 성향이에요. 효과적인 리더의 특성으로 자신감과 정서적인 성숙, 성실성 등이 있어요.

자신감을 갖고 있는 리더들은 자신이나 구성원들에게 높은 목표를 세우고 어려운 과업을 시도하며 문제에 직면해서도 끈기를 보여요. 디베이트 학습을 하다보면 논제에 대해 찬성 측이나 반대 측의 팀장을 돌아가면서 하게 되요. 판정인이나 상대 측을 설득하는 목표를 세우고 의견을 주고받을 때 자신감이 없으면 승리할 수 없어요. 자신의 강점과 약점을 정확히 인식하고 자기 개선을 도모할 때 정서적으로 성숙해야 해요. 디베이트는 자기 측과 상대 측의 의견에 대해 가능한 많이 알고 상대 측과 실체적 진실을 찾아가는 데 있어서 파트너라는 인식을 가지고 임해야만 하지요. 성실성은 지도자의 행동이 정직하고 책임감이 있으며 신뢰성을 지닌 지도자로 만들어 주어요. 즉, 자신이 주장하는 논점에 책임을 질 수 있도록 충실한 근거 자료를 가지고 의견을 표명해야 하는 것이죠.

21세기 리더가 지녀야할 두 번째 특성인 동기는 개인의 내부에서 발생하는 일련의 에너지로서 업무와 관련된 행동을 유발시키고 그 방향과 강도 및 지속성을 결정해요. 논제를 가지고 긴박하게 펼쳐지는 디베이트 학습에서는 행동이 느슨해 질 수 없고 확실한 동기를 가능하게 해요. 다양한 정보를 수집하여 자신이 것으로 소화해낸 지식들의 소통이기 때문이에요. 판정에서 승패나 자신이 주장한 의견이 디베이트 주체들에게 동의를 받았을 때의 기쁨처럼 확실한 동기가 또 있을까요?

21세기 리더가 지녀야할 세 번째 특성인 능력은 직무수행과 관련된 전문적인 능력, 다른 사람을 이해할 수 있는 능력 또는 다른 사람의 협력을 얻을 수 있는 능력, 복잡한 문제해결을 위해 새로운 생각이나 개념을 활용하는 능력을 말해요. 이렇게 리더로서 지녀야 할 세 가지 포괄적인 능력들을 일곱 가지로 나누어서 디베이트 학습과의 관련성을 살펴볼게요.

개성, 동기, 능력은 디베이트 학습에 어떤 효과를 줄까?

첫째, 여러 각도로 사물을 보는 능력이 신장된다. 디베이트 학습의 논제에 대하여 찬성 측과 반대 측을 정할 때 어떤 학생이 찬성 측의 의견을 가지고 있다고 하더라도 일부러 반대 측의 입장에서 여러 가

지 생각을 해 보는 훈련을 하게 됨으로써 다양한 관점에서 사물을 보는 능력이 발달하게 되요.

둘째, 반대 입장에서 상대 측의 입장을 탐지하는 능력이 향상된다. 디베이트 학습을 하게 되면 자기 측의 주장만을 정확하게 알고 있어서는 안돼요. 왜냐하면 반론 단계에서 상대 측의 의견과 근거를 바르게 알고 있어야만 질문을 하고 답변을 제대로 할 수 있기 때문이에요.

셋째, 논리적 사고력이 증진된다. 추리란 어떤 것을 근거로 해서 생각을 하는 것을 말하고 이러한 추리가 제대로 가야하는 길이 바로 논리예요. 논리적 사고력을 발휘하게 되면 논제에 대하여 자신이 생각하는 의견을 펼칠 때 처음과 중간, 그리고 끝에 가서 그 주장이 물 흐르듯 앞뒤가 잘 맞아서 상대방을 설득할 수 있도록 하는 것이에요.

넷째, 자료 수집 분석 능력이 현저하게 좋아진다. 디베이트 학습은 의견에 대한 근거를 찾아내고 생각을 가다듬어 상대 측을 설득함으로써 견해를 넓혀가는 기쁨을 누리게 해 줘요. 주어진 논제에 대하여 인터넷, 서적, 신문이나 잡지, 전문가들을 찾아가서 하는 인터뷰 등을 통해 자료와 정보를 수집하고 분석하는 동시에 새로운 지식을 창출하는 능력을 향상시켜 줘요.

다섯째, 설득력이 놀랍게 발달된다. 언제 어느 곳에서나 사람들을 설득하지 못하면 그들을 이끌어 갈 수 없어요. 리더십의 가장 핵심이 바로 의사소통 능력인데 그것의 중심에 설득력이 있어요. 디베이트 학습에서는 일방적으로 자신의 주장만을 펼치는 것이 아니라 상대 측이나 판정인들이 이성적으로 납득할 만한 의견을 펼치는 것이 중요해요. 이러한 설득력이 바로 디베이트 학습을 통해서 크게 신장될 수 있어요.

여섯째, 감정 조절 능력이 향상된다. 디베이트는 자신의 주관적인 주장만을 내세우기 보다는 논제에 대한 자신의 의견을 객관적인 근거자료들을 이용해서 펼쳐요. 만약 의견을 말하는 도중에 자신의 뜻과 맞지 않거나 상대 측이 불쾌감을 조성하는 말을 했을 때에도 이성을 잃지 않고 차분하게 말을 해야 점수를 얻게 되지요. 물론 디베이트 학습을 시작하기 전에 주의사항에 대한 실천을 다짐하기 때문에 자신의 감정을 조절하는 것에 익숙해 질 수 있어요.

　일곱째, 총체적 언어 능력으로 다섯 가지 능력, 즉 읽기, 조사하기, 쓰기, 말하기, 듣기 능력이 크게 발전된다. 디베이트 학습을 할 때 논제에 대한 자신의 주장을 뒷받침하는 자료를 많이 읽고 요약해서 쓰며, 상대 측이 발언하는 내용들을 자신의 생각과 비교하면서 메모를 해 놓아야 해요.

CLASS

03
우리 선조들은 어떻게 토론했을까?

우리 선조들의 토론 실태를 살펴보면 당파가 형성되기 이전부터 토론 주제(어젠다)를 놓고 찬성하는 측과 반대하는 측의 활발한 토론이 펼쳐진 것을 확인할 수 있어요.

황희의 말대로 하라!

조선시대 초기의 세종실록을 보면 "황희 말대로 하라!"는 말이 많이 나온다고 해요. 이러한 것을 보면 좋은 의견에 세종대왕이 힘을 실어 준 것을 알 수 있어요. 사실 세종대왕이 회의를 진행하는 방식은 간단했다고 해요. "어찌하면 좋겠는가?"라며 문제를 던져 놓고, 토론을 거듭하게 했어요. 긴급한 사안은 어전회의-중요한 국사를 다루기 위하여 임금 앞에서 중신들이 하는 회의-에서 바로 토론에 들어갔지만, 대부분 경연(經筵)-왕에게 유학의 경서(經書)와 사서(史書)를 진강(進講)하고 논의하는 교육 제도-에서 말과 일을 엮는 방식으로 회의를 열었던 것이죠. 찬성과 반대로 나누어서 토론할 논제가 분명해지면 모든 참석자들로 하여금 '계책을 각각 진술'하게 하는 경우도 많았다고 해요. 이 때문에 회의시간은 다소 길어졌지만, 발생할 수 있는 문제점이 거의 다 드러나곤 하였을 것이라고 추측되지요. 일을 맡은 각 부서의 판서(현재의 장관)들은 그 문제점들이 해결될 수 있는지, 앞으로 대책을 마련할 수 있는지를 얘기한 것이에요. 예를 들면, 세종 때 여진족 토벌의 경우 최종적으로 황희와 최윤덕이 토론 내용을 정리하고 자기의 의견을 덧붙이면 세종은 "황희 말대로 하라!"라는 것처럼 짧게 말했다고 해요. 『세종실록』에서 빈번히 찾아볼 수 있는 이 말은 토론을 통해 알아낸 좋은 의견에 힘을 실어주어서 최상의 결정을 가능케 했던 세종 특유의 회의 운영방식이었던 것이죠.

『세종실록』을 보면 성군 세종대왕이 보여요!

여기서 잠깐, 조선시대 최고의 왕이었던 세종대왕에 대하여 살펴볼게요. 우리나라 8개 왕조 217명의 왕들 중에서 세종 때의 사건들을 다룬 『세종실록』을 보면, "백성은 얼핏 보면 어리석은 것 같으나 신(神)에 가깝다."는 글귀가 여러 번 나온다고 해요. '백성이 하늘'이라고 믿고 있었던 당시의 성군(聖君)으로서 세종대왕의 애민(愛民)정신을 알 수 있어요.

조선의 왕들 중 세종만큼 백성을 사랑한 왕도 없었다고 해요. 세종 7년에 가뭄이 들자 왕은 궁 밖으로 나가 근교를 돌아보며 농부들에게 작황을 물었어요. 농사를 망쳤다는 대답을 들었을 때 세종은 점심도 먹지 않고 궁으로 돌아왔다고 해요. 조선 왕조 500여 년 동안, 단 한 세대도 태평성대가 없는 비참한 삶을 살았다고 전해져요. 당시 먹고 사는 일은 농사에 달려 있었는데, 대부분의 논은 천수답이었고 기

후까지 좋지 않았던 데다, 농업기술도 낙후되어 농업생산성이 형편없었다고 해요. 동양 최고의 명군(名君)인 세종 즉위 이후에도 10여 년 간, 단 한 해도 가뭄이 들지 않는 해가 없어서 백성들 중에는 흙을 파먹는 사람도 생겨났다고 해요. 세종은 백성들이 기근으로 피폐해지자 거처하던 경복궁 내의 강녕전을 버리고 경회루 한쪽에 초가를 짓고 무려 2년을 살 만큼 백성들과 아픔을 함께 한 군주였어요. 그러면서도 고민 때문에 밤에 잠을 이루지 못해, 무려 열하루 동안이나 앉은 채 밤을 지새우기도 했다고 전해지고 있어요.

　세종의 애민(愛民)은 백성을 대상으로 설문조사를 한 데서도 알 수 있어요. 국가재정에 반영하기 위해 왕이 백성들을 상대로 공법(貢法) −세금을 거두어들이는 제도− 에 관하여 설문조사를 실시한 것이에요. 자그마치 반년이라는 시간을 투자하여 전국에서 17만 2천명의 백성에게 신법에 대한 찬반 의견을 물었어요. 세금을 변동세제로 할 것이냐 정액세제로 할 것이냐가 논제였어요. 변동세제는 그 때 그 때 수확량의 10분의 1을 세금으로 납부하는 법이었으나 중간에 관리들이 부정을 저지를 소지가 많았고, 수취된 세금과 국고에 납입된 세금이 갈수록 차이가 나서 민생과 국가재정이 함께 피폐해지는 단점이 있었어요. 정액세제는 무조건 정해진 평균수확량의 10분의 1을 세금으로 내는 법이었으나 작황이 나빠도 정해진 세금으로 내야 하기 때문에 농민의 부담이 커질 수 있었지요. 설문조사 결과는 어떻게 나타났을까요? 결과는 정액세제에 대한 찬성이 9만 8,000명, 반대가 7만 4,000명으로 나타났어요. 이 후에도 세종은 장장 17년간의 토론을 거친 다음 공법제도의 개혁을 단행하였고 "백성들은 이러한 공법제도를 스스로 기꺼이 따르지 않는 자가 없었다."고 해요. 말하자면 위와 같은 설문조사는 정책수립을 해놓고 정책형성 및 정책집행을 하기 전 단계인 정책 분석을 철저하게 함으로써 정책 대안의 적합성과 효율성을 찾아내기 위한 것이었어요. 현대사회에서도 정책학을 연구하는 학자들의 입장에서 볼 때 매우 합리적이고 과학적인 정책 분석 방법이라고 칭송받는 일이라고 해요. 우리 사회의 이슈가 되는 수많은 문제들도 세종대왕이 했던 것처럼 백성들의 의견을 충분히 수렴한 뒤에 정책을 집행했었더라면 국회에서의 혼란이나 국민들끼리의 다툼이 현저히 줄어들게 되고 사회가 통합되는 데 큰 역할을 할 수 있을 거예요.

TIP 황쌤의 토론 길라잡이

세상을 바꾼 디베이트 사례들

❶ 공리주의 완성자, 존 스튜어트 밀

세상의 절반인 여성을 인격체로 받아들이기 위한 디베이트 논제로 삼다.

"남녀는 평등해야 한다."

질적 공리주의자로 유명한 영국의 존 스튜어트 밀은 4살 때부터 부모님과, 때로는 주변의 디베이트 전문가들을 집으로 모셔서 다양한 논제로 디베이트를 경험했다. 그 결과 철학, 경제학, 사회학 분야에서 대사상가로서 인류사회의 발전에 크게 기여했다. 14세 때부터 지적 사고를 잘 하는 조숙한 사람이었고 영국의 하원의원으로서 여성의 참정권 신장을 위해 많은 노력을 기울였다. 그는 "어떤 분야에서 일반적이거나 우세한 견해가 거의 온전한 진실이 아니거나 결코 그렇지 않기 때문에, 진실의 나머지가 보충될 기회는 단지 반대 견해와의 대립에 의한 것이다."고 주장했다. 밀은 여성이 남성과 평등해 지면 다음과 같은 실익이 있다고 주장했다.

존 스튜어트 밀

첫째, 남녀의 인간관계에서 평등한 정의의 원리가 어릴 적부터 가정과 사회에서 교육되고 규율

될 때 다른 사람의 권리를 침해하는 일이 자제될 수 있고, 어른이 되어서도 정의의 법칙에 어긋나지 않는다는 것이다.

둘째, 여성에게 자신이 지닌 능력을 마음껏 발휘할 기회와 직업 선택의 자유를 주고, 남성과 똑같이 일하게 한다면 인간사회를 보다 높은 단계를 발전시키는데 필요한 정신 능력이 두 배로 향상될 수 있다는 것이다.
이러한 결과 여성들의 참정권, 상속권과 소유권, 결혼과 이혼 등 자유주의적 여성주의의 이론적 토대를 마련했다.

❷ 디베이트 최악의 판정, 조선의 선조와 대신들

"일본의 전국을 통일한 도요토미의 군부가 조선으로 쳐들어올 것이다."

조선통신사

선조 23년(1590년), 선조가 왜의 움직임을 확인하기 위해 통신사를 파견했다. 서인인 정사 황윤길과 동인인 부사 김성일을 왜나라로 보내 그 동태를 살펴보도록 한 후 귀국한 이들을 중심으로 디베이트를 벌였다.

황윤길은 왜의 군비에 그 기세가 놀랍고 특히 전국을 통일한 도요토미의 관상이 예사롭지 않아 위험하니 전쟁에 대응해야 한다고 주장한다. 그러나 김성일은 도요토미를 보니 그 생김이 쥐새끼 같고 대국에 대해 적의(공격할 뜻)를 가지고 있다고 보기는 어려우므로 전쟁을 할 위인으로 보이지는 않는다고 주장한다. 두 정치세력이 서로 다른 말을 하니 선조를 비롯한 조정 대신들도 헷갈렸다. 두루 의견을 묻는 과정에 아무래도 당시 집권세력인 동인의 일파였던 김성일의 말에 더 비중을 두어 정책을 결정하게 된다. 훗날 이 잘못된 판단이 임진왜란에 대비하지 못한 과오로 남게 된다.
실제 황윤길의 발언이 있은 직후 조정은 각지에 성을 쌓고 장정들을 징집하는 등 급작스런 대비책을 강구하였는데, 이는 당시 민심을 상당히 동요시켰다. 이에 김성일은 상소를 올려 오늘날 두려운 것은 섬나라 도적이 아니라 민심의 향배이니, 민심을 잃으면 견고한 성과 무기가 있어도 아무 소용이 없다는 것을 내용으로 하여 내치(內治)에 힘쓸 것을 강조하였다.

김성일이 후에 어찌 했던 간에 선조 앞에서 정확하고 세세한 실상을 제대로 알리지 못한 것은 크나큰 과오임에 틀림없다. 아니 과오라고 이야기하기에는 그 정도가 지극히 심하다. 중앙과 변방의 요동이 예상된다고 할지라도 제대로 된 대책을 내놓고 이를 추진할 수 있었다면 상황은 많이 달라졌을 수도 있었을 것이다.

❸ 노예제도 존폐에 관한 디베이트, 링컨 vs 더글러스 디베이트

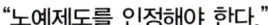

"노예제도를 인정해야 한다."

A. 링컨 vs S. 더글러스

1858년의 대통령선거를 위한 중간선거에서 민주당의 S.더글러스와 공화당의 A.링컨 사이에서 벌어졌던 디베이트는 매우 유명하다. 봄부터 가을까지 7회에 걸쳐 각지를 순회하면서 전개했다. 노예제도를 인정할 것인지의 문제는 각 지방 정부에 일임하는 것이 옳다고 주장한 더글러스의 '주민투표론'에 대하여 링컨은 노예제도를 폐지해야 한다고 반론을 폈다.

링컨은 이때의 연방 상원의원 선거에서는 졌으나, 이 디베이트의 결과 1860년 공화당 대통령 후보에 지명되었다. 그 뒤 남북전쟁이 일어나 북군이 승리했다. 북군의 대표자인 링컨의 주장대로 노예제도는 폐지하게 되었다.

CLASS

04
서양은 언제부터 토론을 시작했을까?

서양에서 교육 디베이트는 디베이트의 아버지로 알려진 그리스 압델라의 프로타고라스 (BC 384~411)에 의해 아테네 학생들 사이에서 시작되었다고 해요. 그는 "인간은 만물의 척도이다. 그 만물은 그런 것과 그렇지 않은 것으로 이루어졌다."라는 명제를 남겼어요. 이는 인간이 세계를 어떤 두 개념의 대립을 통해서 인식한다는 것이지요. 따라서 디베이트를 하는 궁극적인 목적은 서로 대립하는 가운데 변증법적 사고 과정을 통해서 올바른 진리에 도달하려는 것이라고 할 수 있어요.

영국과 미국의 디베이트 역사

영국에서의 대학 간 최초의 디베이트는 1400년대 초기에 옥스퍼드대학과 캠브리지대학 사이에 도입되었어요. 그 후에도 디베이트는 정치가가 되기 위해서는 필수적인 트레이닝 프로그램이 되어 오고 있어요. 초등학교와 중·고등학교에서도 디베이트 학습을 열심히 하고 있고 디베이트 대회 또한 활발하게 열리고 있다고 해요.

미국에서는 디베이트가 식민지시대에 도입되어 당시의 모든 지도자들이 식민지 대학이나 수많은 디베이트 모임에서 디베이트 하는 방법을 배웠어요. 당시의 대회에는 수많은 대학생들이 참가하여 연간 400회 이상의 학생 디베이트 대회가 개최

되고 있었어요. 제2차 세계대전 이후에는 디베이트 토너먼트가 연례행사로 1년 동안 매주 개최되며 때로는 3000명 이상의 학생이 참가했다고 해요.

미국 대통령들을 배출한 디베이트 클럽

현재 미국 내 각 고교와 대학들에서 운영되고 있는 디베이트 클럽은 카운티 주 전국 단위로 정기적으로 대회가 진행되고 있으며 현직 연방의원들 중 80%가 디베이트 활동 경험이 있음은 물론이고 린든 존슨, 리처드 닉슨 등 역대 대통령들도 대다수 디베이트 클럽 활동 경력이 있는 것으로 알려지고 있어요. 특히 오프라 윈프리는 고교시절 다수의 포렌식스 수상 경력이 있고 자랑스러운 한국인인 헤럴드 고 예일 법대학장 또한 디베이트 클럽 출신이라고 해요.

주류사회에서 'Forensics(포렌식스)'로 일컬어지고 있는 디베이트 프로그램은 다양한 시사 및 역사지식을 바탕으로 자신의 주장을 남에게 설득력 있게 발표하는 능력을 키워줌으로써 발표력을 중시하는 대학교육은 물론 능력 있는 사회인으로 성장하는데 큰 힘이 되고 있어요. 특히 '오리지널 오라토리' 종목은 포렌식스 17개 종목 중 가장 기초적인 것이에요. 그것은 국내외 가장 민감한 시사 이슈를 소재로 개개인의 주장과 그것을 뒷받침하는 근거와 사례를 조리 있고 자신 있게 발표하는 능력을 키워주는 기회를 준다고 해요.

바람직한 사회를 위한 크고 작은 디베이트 이슈들

미국에서는 현재 어떠한 이슈들이 있을까요? 아래의 예처럼 다양한 논점으로 이야기들이 전개되고 있고 의견들이 모아져서 보다 바람직한 사회를 위해 나아가고 있어요.

> **ISSUE**
>
> ⦿ 미국 내에서는 개인 총기소유를 금지해야 한다.
>   The private ownership of handguns should be banned in the United States.
>
> ⦿ 미국은 국제적 갈등을 해소할 도덕적 의무가 있다.
>   The United States has a moral obligation to mitigate international conflicts.
>
> ⦿ 미국은 테러 전쟁에 지고 있는가?
>   Is the United States losing the War on Terror?
>
> ⦿ 미국은 모든 시민에게 건강보험을 제공해야 한다.
>   The United States should provide universal health insurance to all US citizens.
>
> ⦿ 미국의 소비자에게 주는 신용을 많이 줄여야 한다.
>   The quantity of credit available to American consumers should be significantly reduced. 등이 있지요.

위와 같은 뜨거운 다툴 거리들 중에서 "미국은 모든 시민에게 건강보험을 제공해야 한다."는 것은 2010년도 오바마 행정부가 강하게 반대하는 공화당 의원들과 국민들을 설득하여 건강보험을 제공해야 한다는 쪽으로 처리했어요.

공부가 새로워지는 **토론학습 1교시**
Debate First Class

CLASS

05
강한 회사는 회의가 달라요!

"강한 회사는 회의가 다르다."는 말이 있어요.
우리나라에서 가장 경쟁력 있는 회사 중의 하나인 S그룹에서 있었던 회의의 예는 매우 큰 교훈을 안겨주지요. 또 S그룹의 운명을 결정지었던 인상적인 회의이기도 했어요.

20시간 회의? S그룹 이야기

오후 4시에 시작된 회의에서 회장의 기조연설이 있은 후 L회장과 사장단 회의는 새벽 2시까지 이어졌어요. 그것으로 끝난 것이 아니라 4시간 수면을 취한 이들은 오전 6시에 다시 모여 식사를 한 후 8시부터 다시 회의에 들어갔지요. 이 회의가 끝난 것은 오후 6시였다고 해요. 20시간 가까이 회의를 한 것이지요. 이 날 S그룹의 수뇌부는 "2010년까지 전자업계 분야의 빅3에 진입한다."는 중장기 전략을 수립했어요. 그 결과 실제로 세계 최고의 회사로 자리매김한 것이에요. 효율적이고 오랜 시간에 걸친 회의가 낳은 탐스러운 결실이 아닐까 생각해요. 물론 항상 이러한 형태로 회의가 진행되는 것은 아니겠지만요.

좋은 경청자가 되자!

S그룹 L회장의 부친이 자신의 방으로 불러 회사의 최고 경영자로서 갖추어야 할 덕목들 중에서 으뜸으로 삼아야 할 것을 당부하면서 붓으로 직접 '경청(傾聽, 귀담아 들음)'이라는 휘호를 써 주었다고 해요. 지금도 그 회장의 좌우명 중 하나는 '좋은 경청자가 되자.'라고 해요.

회사마다 CEO의 스타일은 다르지만 "격론은 있지만 갈등은 없다.", "회의는 오차를 줄여가는 과정.", "아이디어에 상하(上下)는 없다.", "회의 때 발언하지 않으면 직무유기."와 같은 기본적인 마인드를 가지고 회사를 경영하고 있다고 해요.

TIP 황쌤의 토론 길라잡이

학교에서의 디베이트, "우리 아이가 달라졌어요!"

디베이트 수업을 참관했던 학부모님들의 반응은 어떠할까?

초등학교 3학년 담임을 하면서 디베이트 수업을 매달 1회 이상씩 했습니다. 6월 첫째 주에 있었던 디베이트 공개수업을 한 다음 학부모님들이 보내준 수업 참관소감문을 읽어 보았습니다. 김유진 어린이 어머님은 "모든 아이들이 자신 있게 자기의 의견을 발표하고 상대 측의 의견을 경청하며 반론을 펼치면서 논리적으로 조리 있게 생각을 정리하여 말하는 모습이 인상적이었습니다. 준비하는 과정에서도 스스로 책도 찾고 인터넷 검색도 하며 발표내용을 정리하면서 스스로 공부하는 힘을 기를 수 있어 자기주도적 학습의 좋은 과정이라고 느꼈습니다."라고 적어 주셨어요.

초등학교 6학년 학부모님들의 반응은 어떠했을까요? 오주연 어린이 어머니는 "사실은 아무 기대도 하지 않고 갔는데 집에 돌아올 때에는 마음을 꽉 채우고 왔어요. 우리 아이가 그 자리에 있는 것만으로도 참 흐뭇했습니다."라며 토론 수업 분위기에 압도되신 소감을 적어주셨지요. 안정호 어린이 어머니는 "디베이트 학습을 하다 보니 독서를 많이 해야만 한다는 생각을 하게 되어서인지 집에서 독서를 많이 하게 되었습니다. 디베이트 학습에 감사하게 생각합니다."라고 말해요. 디베이트 수업이 주는 선물이 가정에서 학생 스스로 독서를 하게끔 한다는 것이지요. 권예은 어린이 어머니는 "말로만 들어왔던 디베이트 수업을 참관하고 너무도 감동하여 흥분이 한동안 지속되었습니다."라고 하셨는데, 예은이가 가정에서 부모님들에게 얼마나 많은 자랑을 했으면 이렇게 기대를 했고 흥분이 오랫동안 지속되었을까요?

2012학년도 6학년 4반 김채윤 아버님께서는 토론수업 참관소감문을 이렇게 보내주셨어요. "신나는 디베이트 수업은 우리 세대에서는 상상할 수 없는 수업방식이었습니다. 소통과 토론 문화에 익숙해진다면 향후 우리 사회의 민주시민으로 훌륭히 성장할 수 있는 밑거름이 될 것입니다. 수업에 임하는 학생들의 바른 태도와 진지한 발표 등이 매우 감명 깊었고 서로 다른 주장에 대하여 흥분하지 않고 자신의 주장을 성실히 발표하는 모습에서 훌륭한 교육을 받고 있다는 것을 알 수 있었습니다. 세계에서 토론 문화가 가장 발달했다고 하는 프랑스에서나 있을 법한 톨레랑스(자기와 다른 종교, 종파, 신앙을 가진 사람의 입장과 권리를 용인하는 일)에 입각한 오늘의 디베이트 수업은 선생님들에 대한 신뢰와 존경심을 더 깊게 하였습니다."

"시간의 걸음에는 세 가지가 있다. 미래는 주저하며 다가오고 현재는 화살처럼 날아가고 과거는 영원히 정지하고 있다."

| F.실러 |

02

Chapter

누구나 할 수 있는
디베이트

01 / 디베이트 학습을 배워요
02 / 놀라운 학습 효과를 주는 디베이트
03 / 자신감을 주는 발표란?
04 / 잘 듣기 위해서는?
05 / 추리와 논리, 오류 알아보기
06 / 디베이트 논제는 어떻게 정할까?
07 / 디베이트 학습의 3가지 논제
08 / 찬성 측, 반대 측, 판정인 잘 나누기
09 / 논제에 따른 자료 조사하기

CLASS

[01
디베이트 학습을 배워요]

디베이트(debate)란 한 가지 논제를 놓고 찬성 측과 반대 측, 판정인으로 나뉘어 엄격한 규칙에 의해 벌이는 찬반대립토론의 형태예요. 디베이트 학습은 디베이트의 장점과 기본 형식은 살리되 학습 효과를 높이기 위해 학습 환경에 맞게 절차와 구조를 변형시킨 하나의 학습 모형이에요. 다음을 통해 디베이트 학습의 특징을 살펴볼게요.

디베이트 학습의 5가지 특징 알기

◎ **하나의 논제(안건)가 중심이 돼요.**

무엇에 대해 의논할 것인가에 대한 안건(논제)을 정해 두어요. 예를 들어 논제를 크게 분류하면 3가지 형태가 있어요.

- 초등학생들에게 장신구 착용을 허용해야 한다(정책 논제).
- 만화는 우리 사회에 유익하다(가치 논제).
- 독도는 대한민국의 영토이다(사실 논제).

우선 처음으로 디베이트 학습을 하는 경우에는 가치논제나 정책 논제부터 시작하는 것이 좋아요. 학년이 낮을수록 〈가치 논제〉나 〈정책 논제〉가 바람직하죠. 이는 찬성 측, 반대 측 중 어느 쪽의 입장에서나 의견을 내기가 쉽고 자신의 경험과 정보로 생각하는 것이 가능하기 때문이에요.

디베이트 수업의 논제는 일반적인 토론의 주제와 약간 달라요. 주제의 형태가 다른 것이죠. 디베이트 수업의 논제는 최종적으로 결론에 도달하는 것이어야 해요. 원칙적으로 찬성이나 반대를 선택하는 양자택일의 태도만이 허용되기 때문이에요.

◎ **사회자, 찬성 측과 반대 측, 판정인으로 나눠요.**

위에서 예로 든 논제에 대해서 찬성 측과 반대 측으로 나눠요.
반 전체를 둘로 나눠요(전체 토론).
3~4명(5~6명)씩 대표자로 해요(패널식 토론, 대표 토론, 소집단별 토론)
1대 1부터 2대 2, 4대 4 등으로 해요(피라미드 토론).
남은 사람에게는 어느 쪽이 잘 하는지를 평가하게 해요(판정인).

◎ **입론-반론-최종 변론의 3단계로 진행돼요.**

〈입론〉 예를 들어, 왜 '만화는 우리 사회에 유익하다.'를 찬성 측이 주장하고, 왜 '만화는 유익하지 않은가?'에 대하여 반대 측이 주장해요.

〈반론〉 상대가 주장한 것이 왜 잘못된 것인가를 서로 평가해요. 즉 입론에서 주장한 내용들을 서로 부수는 것이에요. 다툴 거리인 쟁점에 대하여 질문하면서 상대 측의 오류를 반박해요.

〈최종 변론〉 입론과 반론을 통해 주장했던 내용들을 가지고 상대 측과 판정인들을 마지막으로 설득해요.

◎ **승패를 정해요(판정).**

처음에는 선생님이 평가를 해주는 것이 좋아요. 입론, 반론, 최종 변론이라는 각각의 단계에 있어서 어느 쪽이 좋았는지, 왜 좋았는지를 판정하는 것이에요.

◎ 시간과 순서를 정해요.

　시간 배분은 디베이트 수업의 형태와 토론 참여자의 수준에 따라 다양하게 할 수 있어요. 중요한 것은 찬성 측과 반대 측에 각 단계마다 같은 시간을 공평하게 부여하는 것이에요.

TIP 황쌤의 토론 길라잡이

운명을 바꾼 토론 사례

　21세기 최고의 토론자, 토론의 달인은 아마도 흑인 출신 미국 대통령 버락 오바마 일 거예요. 오바마가 가장 힘들었던 상대는 같은 민주당 내에서 대통령 후보가 되기 위해 경선을 치렀던 힐러리 클린턴이었다고 해요.

　힐러리도 오바마 만큼 토론을 잘 했고 미국의 여성들을 대표하고 있었으며 전직 대통령인 빌 클린턴의 지지를 톡톡히 받고 있었지요. 미국 내에서는 널리 알려진 이야기이지만, 힐러리는 중학교 시절에 매우 열렬한 공화당 지지자였다고 해요. 학교의 모든 학생들이 알고 있을 정도로 열성적인 학생이었지요.

　1964년 미국 대통령 선거가 있었던 해에 정치 교사였던 베이커 선생님이 힐러리 학생에게 민주당 대통령 후보의 입장에서 토론을 해 보라고 시켰다고 해요. 처음에는 하기 싫어했으나 선생님의 교육적인 의미를 갖고 권유했던 것이라 선생님이 시키는 대로 했어요. 이 때 베이커 선생님은 당시 민주당을 지지했던 앨런이라는 학생에게는 공화당 지지 토론을 맡겼다고 해요.

토론 준비를 열심히 했던 힐러리는 도서관에서 백악관 관련 자료나 민주당의 강령, 보험제도 등 주요 문제들을 찾아서 공부를 했어요. 힐러리의 자서전에 따르면, 힐러리는 토론이 있기 이전에 벌써 공화당에서 민주당 쪽으로 마음이 기울었다고 해요. 반대편에 서 보기 전에는 정반대인 180도의 진실을 알 수 없지만 상대방의 입장을 이해하고 나면, 상대방도 그 나름대로의 진실이 있다는 것을 깨닫게 되지요. 그런 점에서 토론은 정반대의 진실을 찾아가는 멋진 여행이기도 해요.

　또 한편 흥미 있는 사실은 공화당 후보로 토론을 준비했던 앨런이라는 학생도 자신이 지지했던 정당이 바뀌었다고 해요. 이렇듯 단 한 번의 토론이 평생의 운명을 바꾸어 놓을 만큼 중요한 역할을 할 수도 있다는 사실을 알게 되지요.

CLASS

02 놀라운 학습 효과를 주는 디베이트

앞에서 이미 설명했다시피 디베이트 학습은 학생들 개인의 학습에 주는 영향뿐만 아니라 학급이나 가정의 분위기조차 확 바꾸어 주는 데 많은 역할을 하고 있어요.
다음을 통해 디베이트가 가져다주는 놀라운 학습의 효과를 알아볼게요.

첫째, 올바른 가치를 탐구할 수 있는 논제를 가지고 디베이트 학습을 함으로써 가치탐구 능력이 신장돼요. 교과서 내의 교육과정을 분석하거나 사회에서 이슈가 되고 있는 것들을 가지고 토론하면 좋아요. 논제들은 우정, 사랑, 생명, 건강, 행복 등 영원한 가치가 담겨 있는 것이 유익해요. 디베이트 학습을 통해 나와 우리 사회의 구성원들은 진정한 행복은 무엇인지에 대하여 탐구하는 능력을 키워줘요.

둘째, 한 가지 논제를 가지고 찬성 측과 반대 측의 의견을 들어 보게 되면 '그 입장에서는 그러한 생각과 행동을 할 수 밖에 없겠구나.' 하는 태도가 형성되어 친구들이나 주변 사람들의 의견과 인격을 존중하는 태도가 내면화 돼요.

셋째, 입장과 의견이 같은 친구들끼리 논제에 대하여 힘을 합쳐서 각종 정보와 지식을 교환하고 디베이트 학습 과정에서 서로 양보하며 같은 팀 친구들의 의견에 대하여 동조함으로써 협동의 귀함을 절실히 깨닫는 기회가 돼요.

넷째, 정해진 시간 안에 각 측에 배당된 입론, 반론, 최종변론 단계에서 정해진 순서와 시간을 지켜야 하므로 규칙과 질서를 준수하는 태도가 자연스럽게 형성돼요. 이러한 태도는 어린 시절의 특징인 '자기중심적 사고'나 부정적인 형태인 '이기적인 행태'를 인격의 함양은 물론 정서적인 성숙을 갖게 해 줄 수 있어요.

다섯째, 논제에 대한 자료를 준비하거나 디베이트 학습을 하는 가운데 창의적인 문제해결력을 기를 수 있어요. 논제에 대하여 연구를 하고 자기 측에 유리한 자료를 준비하다 보면 인터넷 정보, 신문, 잡지, 어른들이나 학생들에게 하는 인터뷰, 비디오 편집 등의 방법을 이용하게 되는데, 이런 가운데 정보를 수집하고 분석하면서 문제를 해결하는 능력이 자연스럽게 길러지게 돼요.

디베이트 학습의 논제는 대부분의 경우 우리 생활에서 갈등을 많이 겪는 내용들인 가치중립적인 것들이에요. 이러한 논제에 대하여 나름대로 문제의 성격을 파악하여 그 문제에 대하여 찬성하는 입장이면 찬성을, 반대하는 입장이면 반대 측의 입장에서 상대 측과 더불어 진지한 자세로 가장 합리적으로 해결하는 과정에서 문제를 정확하게 파악하고 해결하는 능력이 증진돼요.

여섯째, 반론 과정에서 상대 측에서 발표하는 내용들을 잘 듣고 자기가 생각한 것과 다른 경우에 그것에 대하여 집중적으로 물어보고 진실을 찾아가는 과정에서 원칙이나 진실의 기준에 비추어 차이를 구별해 보는 능력인 비판적 사고력이 형성돼요.

일곱째, 일반적인 학습이나 토의 학습과는 달리 디베이트 수업의 성패는 자기가 속한 팀이 논제에 대한 자기 측의 의견을 얼마나 설득력 있게 주장하여 승리하느냐, 아니면 패배하느냐 달려 있어요. 따라서 학생들이 가지고 있는 선의의 승부욕을 가지고 각종 정보나 지식을 통해서 본인들의 생각을 상대방에게 설득하는 능력이 계발돼요.

여덟째, 각종 정보활용 능력을 길러줘요. 디베이트 논제에 대한 다양한 자료들을 탐색하고 분석하며 종합하는 것은 아무래도 인터넷을 사용하는 것이 가장 적절할 것이에요. 학생들도 자료에 숨어 있는 내용들을 자기가 사용하는 정보를 만들면서 인터넷에서 검색하는 수준이 매우 높아질 거예요. 또한, 프레젠테이션으로 재구성하거나 각종 음향 효과를 이용한 애니메이션으로 발표하는 능력도 생겨날 것이고요. 사진 자료나 그림 자료 등을 이용하여 상대 측을 설득할 때 실물화상기의 줌 기능을 자유자재로 활용할 수 있게 돼요. 또한 전문가의 의견을 직접 녹음하여 들려주는 오디오 편집이나 각종 영상매체를 이용하여 편집하는 기능도 향상되지요. 뿐만 아니라 각종 통계자료를 분석, 그래프 등을 활용하여 상대 측과 판정인들을 효율적으로 설득할 수 있어요. 논제를 해결하면서 각종 자료를 정리할 때, 인터넷에서 찾아낸 자료들을 그냥 복사해서는 제대로 발표를 할 수 없기 때문에 정보들을 자신의 지식으로 만드는 연습을 열심히 해야 해요. 그렇게 하기 위해서는 그 내용들을 자신의 수준에 알맞게 변형시켜야만 하지요. 이렇게 하는 과정에서 자신도 모르게 워드 작성 요령과 속도, 그리고 문장력이 더욱 세련되게 되지요.

아홉째, 토의 기본 기능을 향상시켜 토론 문화를 활성화시켜 줘요. 상대 측에서 자기들이 주장하는 내용들을 정확히 설득하기 위해서는 발표하는 능력이 매우 뛰어나야 하는 것은 당연하지요.

공부가 새로워지는 **토론학습 1교시**
Debate First Class

CLASS 03
자신감을 주는 발표란?

토론의 활성화 측면에서 상대 측에게 자기들이 주장하는 내용들을 정확히 설득하기 위해서는 발표하는 능력이 매우 중요해요. 다음은 디베이트의 세부적인 기능의 하나인 발표에 관한 이야기랍니다. 자신감 있는 발표는 어떤 것인지에 대해 살펴볼게요.

발표를 잘하기 위한 몸의 기본자세는?

◎ **다리** : 두 발을 자신의 어깨너비만큼 벌리고 편리한 자세를 취한다.

◎ **머리** : 머리는 정면을 향하도록 알맞게 들고 너무 숙이거나 들지 않는다.

◎ **가슴** : 가슴과 허리를 곧게 세우고 너무 뒤로 제치거나 앞으로 처지지 않도록 한다.

◎ **손** : 두 팔을 바지선 있는 곳으로 자연스럽게 내린다.

- 차렷 자세의 손 모양과 위치로 자연스럽게 선다.
- 말하는 내용에 따라 손을 자유롭게 움직인다. 예를 들면, ~을 올린다는 내용이면 두 손을 위로 올리면서 말하고, ~을 나눈다는 내용이면 오른손을 세워서 아래로 내리면서 발표한다.

◎ 눈 : 교실의 중심을 향하여 여러 친구들을 바라보는 자세를 취한다.
- 시선은 한 친구에게 고정시키지 않고 사회자, 판정인 등을 골고루 바라본다.

◎ 표정 : 상냥하게 미소 짓는 밝은 표정을 짓는다.

◎ 기타
- 말하고자 하는 요점을 명확히 밝힌다.
- 결론을 먼저 말하고 근거나 이유, 보기 등을 제시한다.
- 천천히, 큰소리로, 바르게 끊어서 또박또박, 똑똑하게, 자연스럽게, 쉽게 말한다.
- 고운말, 표준말을 사용한다.
- '에, 응, 어' 등 군소리를 넣지 않고 말한다.
- '~요', '그랬거든요', '그래서요' 등과 같은 유아어를 사용하지 않는다.

발표를 잘하기 위한 말하기의 기초

◎ 말하기 요령
- 자기 차례가 되거나 지명을 받으면 고개를 들고 바른 자세로 '예'라고 대답한다.
- 의자 옆으로 나와 서서, 듣는 사람들 쪽을 보고 말한다.
- 과장되지 않는 선에서 손동작을 곁들이면 전달력을 높이고 자연스럽게 발표하는 데 도움을 준다.
- 자연스러운 손동작은 몸을 유연하게 해 줄 뿐만 아니라 듣는 사람의 주의력을 집중시키는 데도 도움을 준다.

◎ **적당한 크기로 말하기**

- 알맞은 크기의 목소리로 또렷하게 말한다.
- 목소리를 크게 하려면 호흡을 가다듬고 숨을 크게 들이쉬었다가 내쉬면서 말한다.
- 큰 목소리로 분명하게 말하려면 입 모양을 크고 분명하게 만들어야 한다.
- 천천히 1분에 200자 정도로 말한다.
- 알기 쉬운 말과 발음, 표현으로 의미가 정확하게 전달되도록 한다.

◎ **소집단에서 말하기**

- 소집단 토의 시에는 구성원만 들을 수 있는 목소리로 말한다.
- 남의 의견을 잘 듣고 자기의 생각을 내세운다.
- 토의를 시작할 때에는 의자를 그대로 두고 엉덩이와 두발만 살짝돌려 앉는 요령으로 2, 3초 안에 토의 자세를 갖춘다.

◎ **메모를 보면서 말하기**

- 말할 주제에서 중요한 내용만을 간략하게 메모하여 말한다.
- 메모를 보고서 말할 때에는 왼손에 메모지를 들고 듣는 사람을 보면서 말한다.
- 지나치게 메모만을 보면서 말할 때는 읽는 것처럼 느껴지지 않도록 해야 한다.
- 잇는 말(접속어)을 사용하며, '에, 응, 어' 등의 군소리 없이 자연스럽게 말한다.

◎ **요점을 살려서 조리 있게 말하기**

- 말할 내용을 미리 정하고 주요 내용을 정리한 후 말한다.
- 결론을 먼저 말하고, 근거나 보기나 이유, 보기 등을 제시한다.
- 말하고자 하는 요점을 정확히 밝힌다.

- 내용이 분명하게 전달될 수 있도록, 짧고 구체적인 문장, 간단한 비유와 인용으로 주제를 선명하게 한다.

◎ 다른 사람의 의견과 비교하며 말하기

- 다른 사람의 생각과 내 생각을 비교하면서 말한다.
- 응답 내용들 간의 관련성을 찾아 나의 의견으로 정리한다.
- 이유나 근거를 제시하고, 다른 사람의 생각과 비교하며 말한다.

상황별 말의 형식 적용해보기

◎ 의견 발표

- 알고 있는 사실을 말할 때 : ~입니다. ~은 ~입니다.

  예 우리 집은 ~에 있습니다. 인간도 동물입니다.

- 알고 있는 현상, 경향을 말할 때 : ~은 ~이라고 합니다.

  예 외제품을 좋아하는 것은 사치라고 생각합니다.

- 현상의 원인을 말할 때 : 저는 ~의 까닭은 ~이라고 생각합니다.

  예 정호가 발표를 잘하게 된 원인은 디베이트 학습을 꾸준히 했기 때문이라고 생각합니다.

◎ 질의

- 모르는 것에 대해 설명을 요구할 때 : 발표내용 중에서 ~은 무엇입니까?

> 예 발표한 내용 중에서 '신토불이'란 무슨 뜻입니까?

- 궁금한 것에 대해 설명을 요구할 때 : 발표내용 중에서 ~은 왜 그렇습니까?
- 발표한 내용 중에서 비온 후에 무지개가 생긴다고 했는데 왜 그런지 자세하게 말씀해 주십시오.
- 설명을 잘 알아들을 수 없을 때 : 말씀이 잘 들리지 않습니다. ~부분을 다시 말씀해 주십시오.

  > 예 말소리가 잘 들리지 않아서 첫째는 잘 들었으나, 두 번째 내용은 잘 듣지 못했습니다. 다시 한 번 말씀해 주십시오.

- 묻는 의도를 잘 모를 때 : 묻는 뜻을 잘 모르겠습니다. 다시 한 번 말씀해 주십시오.

  > 예 철수가 묻는 것이 무슨 뜻인지 잘 모르겠습니다. 다시 한 번(자세히) 말씀해 주십시오.

◎ **보충 발언**

- 다른 사람의 설명 중에서 빠진 부분을 보충할 때 :

  제가 보충하여 설명하겠습니다.

  지금 설명한 것 외에 ~이 또 있습니다.

  > 예 철수가 설명한 것 외에도 여름 과일에는 '참외'가 또 있습니다.

  그뿐만 아니라 ~도 포함됩니다.

  > 예 그뿐만 아니라 20보다 작은 수에는 '0'도 포함됩니다.

- 보충 설명을 요구할 때 : ~외에 ~에 대해서도 말씀해 주십시오.

  > 예 고기잡이 외에 어촌 사람들이 하는 일을 더 말씀해 주십시오.

◎ 논의

- 물음에 대답할 수 없을 때 : 잘 모르겠습니다. 알고 계신 분이 발표해 주시면 고맙겠습니다.

  예 8·15 광복이 언제 일어났는지 잘 모르겠으니 알고 계신 분이 발표해 주시면 고맙겠습니다.

- 다른 사람의 의견을 수정할 때 : ○○은 ~이라고 하였는데, 그것은 ~이라고 생각합니다.

  예 철수는 금천면에 고분이 있다고 하였는데, 그것은 반남면과 다시면에 있다고 생각합니다.

- 반대 의견을 말할 때 : ○○는 ~이라고 말하였는데 저는 ~이라고 생각합니다. 그 이유는 ~이기 때문입니다. 좋은 의견입니다만, 제 생각은 ~입니다.

  예 철수는 지역의 발전을 위해서는 4대강 유역을 개발해야 한다고 하였는데, 저는 개발보다는 환경의 보존이 더 중요하다고 생각합니다. 그 이유는 환경이 파괴되면 인간의 생활도 파괴되기 때문입니다.

- 찬성할 때 : ○○의 발표는 ~하므로 그것에 대해서 찬성합니다.

  예 진실이의 발표는 우리가 할 수 있는 환경보호 방법 중에서 가장 쉬운 방법이므로 찬성합니다.

공부가 새로워지는 **토론학습 1교시**
Debate First Class

CLASS 04
잘 듣기 위해서는?

토론은 상대 측과의 자기 측의 대등한 발표를 통해 이루어지지만 발표만큼이나 상대 측의 이야기를 충분히 귀담아 듣고 이에 알맞은 반론을 제기하는 것이 매우 중요해요.
여기서는 상대 측의 발표를 올바르게 경청하기 위한 듣기에 대한 방법을 살펴봅니다.

상대 측의 발표를 경청하려면 어떻게 해야 할까?

◎ **듣는 자세**
- 말하는 사람을 바라면서 조용히 귀담아 듣는다.
- 침착하고 자연스러운 태도로 바르게 앉아 듣는다.
- 다른 사람의 의견을 존중하면서 끝까지 듣는다.
- 말하는 내용이 합당하면 고개를 끄덕이거나 동감하는 표정을 짓는다.

◎ **차례를 생각하며 듣기**
- 말하는 내용의 차례를 생각하면서 듣는다.
- 내용에 알맞은 차례로 말하는지 생각하면서 듣는다.

- 말하는 상황이나 목적이 적절한지 생각하면서 듣는다.

◎ **요점과 결론을 생각하며 듣기**

- 중요한 내용과 요점 및 결론을 생각하며 듣는다.
- 말하는 사람의 의도나 목적이 무엇인지 파악하면서 듣는다.
- 이야기를 듣고 이야기의 제목을 붙여본다.
- 이야기를 듣고 가장 중요한 부분을 찾아 그 이유를 밝혀본다.

◎ **내 생각과 비교하면서 듣기**

- 나의 생각과 같은 점과 다른 점이 무엇인지 생각하면서 듣는다.
- 잘못된 부분, 불필요한 부분, 보충할 부분을 찾으면서 듣는다.
- 발표하는 의견이나 근거, 사례가 사실인지 생각하면서 듣는다.
- 발표하는 의견과 의견을 뒷받침하는 근거가 의견과 관련이 있는지 생각하면서 듣는다.
- 발표하는 의견이나 근거, 사례가 의견을 설득하기에 불충분하지 않은지를 생각하면서 듣는다.
- 발표하는 의견이나 근거, 사례들이 부적합하거나 문제점들이 없는지를 알아보아야 한다.
- 토의나 토론 주제에서 다루어지고 있는 것들을 자기 측의 입장에서 뻔한 내용들이 아니라 넓은 범위의 사람들에게 도움이 되는 새로운 방안을 제시하고 있는지 점검하면서 듣는다.

◎ **주요 내용 메모하며 듣기**

- 설명이나 말의 중요한 내용을 간추리며 메모하면서 듣는다.

- 말하는 이의 목적과 의도를 메모하면서 듣는다.
- 자기의 생각과 같은 점, 다른 점을 메모하면서 듣는다.

◎ **내용 듣고 비판하기**

- 화제나 주제에 맞는지 생각하며 듣는다.
- 말하는 내용에 대한 이유나 근거가 타당한지 생각하면서 듣는다.
- 내용이 옳고 그른지 생각하면서 듣는다.

CLASS

[05]
추리와 논리, 오류 알아보기

생각은 추리를 통해 만들어져요. 추리란, 무엇인가를 근거로 생각을 만들어 내는 것을 말해요. 예를 들면, "구름이 끼면 비가 올 것 같다."는 추리를 하게 되는 것이지요. 디베이트 학습에서는 논제에 대한 상대 측의 주장을 경청하면서 자기 나름대로의 생각과 비교합니다. 그러한 가운데 상대 측이 주장하는 내용들의 오류를 찾아서 '반박'하고 자신의 의견을 제시하는 '반론'을 하게 됩니다.

추리

추리에는 크게 귀납추리와 연역추리가 있어요. 먼저 귀납추리에 대하여 알아볼게요. 귀납추리란 우리들이 자주 겪는 어떤 비슷한 사례들을 묶어 하나의 판단으로 일반화해내는 것이에요. 가령, 다리가 쑤실 때마다 비가 왔어요. 그러면 '다리가 쑤시면 비가 온다.'는 믿음을 갖게 되는 것이에요. 귀납추리에 대해 좀 더 자세히 알기 위해 귀납추리에 속한 3가지를 알아볼게요.

첫째, 귀납추리 중에서 유비추리는, 이미 알고 있는 비슷한 상황에 빗대어 판단하는 것으로써 우리의 일상생활에서도 많이 쓰여요. 예를 들어, "엄마, 잔 다르크가 누구야?" "응, 프랑스의 유관순이야." 또는 "이태석 신부님이 누구야?", "한국의 슈바이처 박사야." 이러한 귀납추리를 통해서 긴 설명이 필요 없이 쉽게 알아들을 수 있어요.

둘째, 귀납추리 중에서 인과추리는 관찰된 정보 혹은 가지고 있는 정보들의 원인을 알아보거나 그 결과를 예측해 보는 추리예요.

셋째, 귀납추리 중에서 가설이에요. 가설은 가능성에 불과하더라도 원인 혹은 결과를 추측한다는 것이 문제를 이해하고 해결하는 데 도움을 주는 것을 말해요. 과학 실험을 할 때 실험 결과를 예상해서 '이번 실험 결과는 ~~할 것이다'와 같은 사례가 바로 가설이에요. 가설을 가지고 실험을 한 다음 실험 결과를 근거로 만들어진 것이 바로 '이론'이에요.

다음으로 연역추리를 알아볼게요. 실제적인 경험이 없이 이미 알고 있는 지식이나 신념들만을 엮어서 새로운 판단을 만들어 내는 것이에요. 귀납추리는 '개연적인(그럴 수도 있는) 참'을 주는데 반해서 연역 추리는 '절대적인 참'을 주지요. 수학의 정답처럼 100%라는 말이죠. 예를 들어, '모든 사람은 죽는다. 나는 사람이다. 그러므로 나는 ~~ 하다'와 같은 것이에요.

위의 예에서 '모든 사람은 죽는다.'와 같은 것을 '대전제'라고 하고 '나는 사람이다.'와 같은 것을 '소전제'라고 해요. 그리고 '그러므로 혹은 따라서 ~~ 한다.'는 것은 '결론'에 해당하지요. 연역추리는 반드시 믿을 만한 전제들을 근거로 해야 해요. 그런 믿을 만한 전제들이 일정한 포함관계에 따라 하나의 판단을 만들어 내는 것이에요. 이러한 전제들의 포함관계가 어울리지 않았을 때 그것을 '오류'라고 한답니다.

논리

　추리로 만들어지는 결론은 항상 옳은 것만이 아니에요. 즉, 우리들의 생각이나 판단이 항상 옳은 것만이 아니라는 것이죠. '추리'가 가야할 제대로 된 길이 '논리'예요. 귀납논리의 기준은 항상 정확성과 충분성, 그리고 강력성이에요. 연역논리의 기준은 건전성과 타당성이고요. 건전성은 대전제가 참이어야 한다는 것이고, 타당성은 연역추리의 공식을 잘 따랐다는, 즉 대전제와 소전제 및 결론이 서로 어울리는 포함관계에 어긋나지 않게 추리했다는 말이랍니다.

오류

　논리를 어겼을 때 우리는 그것을 '오류'라고 해요. 오류는 대개 연역논리를 어긴 '형식적 오류'와 귀납논리를 비롯한 일상적인 우리들의 상식적 논리를 어긴 '비형식적 오류'가 있어요. 형식적 오류 중에서 가장 흔하고 중요한 오류는 '후건긍정의 오류'와 '전건부정의 오류'예요.

　형식적 오류 중 '후건긍정의 오류'와 '전건부정의 오류'는 삼단논법 중 반가언적 삼단논법의 오류에 해당해요. 반가언적 삼단논법이란 대전제를 전건과 후건으로 구성되는 가언판단인 'A이면(전건), B이다(후건)'으로 하여, 소전제에서 전건과 후건을 긍정 또는 부정하여 결론을 얻는 논법을 말해요. 다음의 예는 소전제에서 대전제의 전건을 긍정하여 결론에서 후건을 긍정하는 결론을 얻은 전형적인 반가언적 삼단논법의 예에 해당해요.

　독약을 먹으면(전건) 죽는다(후건). - 대전제

독약을 먹었다(전건 긍정). - 소전제
그러므로 죽는다(후건 긍정). - 결론

그러나 동일한 대전제를 두고 소전제에서 대전제의 전건을 부정하여 결론에서 후건을 부정하는 결론을 얻을 경우에는 오류가 발생해요. 그 오류를 '전건부정의 오류'라고 불러요. 예를 들면 다음과 같아요.

독약을 먹으면(전건) 죽는다(후건). - 대전제
독약을 먹지 않았다(전건 부정). - 소전제
그러므로 죽지 않는다(후건 부정). - 결론

위 논법은 논리적으로 오류예요. 내용적으로 따져보아도 오류라는 것을 알 수 있어요. 왜냐하면 독약을 먹지 않았다고 하더라고 다른 이유로 죽을 수가 있기 때문이지요. 이러한 오류는 소전제에서 대전제의 전건을 부정하여 후건을 부정하는 결론을 내렸다는 점에서 '전건부정의 오류'라고 부르는 것이에요.

전건부정의 오류의 예를 한 가지 더 알아볼까요?

모든 새는(전건) 난다(후건). - 대전제
또로로는 새가 아니다. - 소전제
그러므로 또로로는 날지 못한다. - 결론

위의 예를 보면 또로로가 새가 아니라는 전건을 부정하였지만 새가 아닌 것도 날 수 있는 데 날지 못한다고 오류를 나타낸 것이에요.

소전제에서 대전제의 후건을 긍정하여 결론에서 전건을 긍정하는 결론을 얻는 경우도 오류를 발생시키는데 그것 역시 소전제에서 후건을 긍정하여 생긴 오류이므로 '후건긍정의 오류'라고 부릅니다. 이러한 예를 들어 보면 다음과 같아요.

독약을 먹으면(전건) 죽는다(후건). – 대전제
죽었다(후건 긍정). – 소전제
그러므로 독약을 먹었다(전건 긍정). – 결론

죽었다고 해서 반드시 독약을 먹었다는 결론은 안 나오지요. 다른 원인으로 죽었을 수가 있기 때문이에요. 그러나 소전제에서 후건을 부정하여 전건을 부정하는 결론을 얻으면 그것은 타당한 추론이 돼요.
후건 긍정의 오류의 예를 한 가지 더 알아볼까요?

디베이트를 하면(전건) 사고력이 향상된다(후건). – 대전제
사고력이 향상되었다(후건 긍정). – 소전제
그러므로 디베이트를 하였다. – 결론

위의 예를 보면 사고력이 향상되었다는 후건을 긍정하였지만 사고력이 향상되게 하는 것은 디베이트만이 아니므로 오류를 나타냈다고 볼 수 있어요.

독약을 먹으면(전건) 죽는다(후건). – 대전제
죽지 않았다(후건 부정). – 소전제
독약을 먹지 않았다(전건 부정). – 결론

죽지 않았다면 독약을 먹지 않은 것은 분명한 것이므로 위의 논법은 타당한 논법이예요. 결국 반가언적 삼단논법을 펼칠 경우에는 대전제의 전건을 소전제에서 긍정하여 후건을 긍정하는 결론을 내리거나, 대전제의 후건을 소전제에서 부정하여 전건을 부정하는 결론을 내릴 때 오류 없는 타당한 논법이 성립해요. 그 밖에도 위에서 오류로 예를 든 논법처럼, 소전제에서 대전제의 전건을 부정하여 후건을 부정하는 결론을 얻거나 소전제에서 대전제의 후건을 긍정하여 전건을 긍정하는 결론을 얻으면 각각 '전건 부정의 오류', '후건 긍정의 오류'에 빠지는 것이지요.

오류에 빠지지 않도록 자신의 생각을 둘러보는 것을 '반성적 사고'라고 해요. 이런 반성적 검토 없이 좋은 판단을 만들어 낼 수는 없어요. 디베이트를 통해 함께 좀 더 나은 판단을 만들어간다는 것은 이러한 오류에 빠지지 않도록 양측이 서로 돕는다는 것을 말해요. 오류를 찾기 전에 먼저 할 일은 '핵심개념'에 대한 이해가 올바른지 따져보는 것이 매우 중요해요. 개념에 대한 정확한 이해가 없다면 추리도 논리도 모두 부질없는 것이 된답니다.

다음의 표는 우리들이 일상생활에서 상식적 논리를 어긴 '비형식적 오류'에 해당하는 내용과 사례들이므로 참고하기 바래요.

순	오류의 이름	오류의 내용	예
1	인신공격의 오류	의견 자체보다는 상대방을 공격한다.	여자가 뭘 안다고 그래?
2	대중에 호소하는 오류	많은 사람이 그렇게 한다는 것을 내세워 주장하거나 대중을 선동하여 주장을 관찰한다.	나만 그런 것이 아니에요. 다 그래요.
3	피장파장의 오류	다른 사람의 잘못을 들어 자기의 잘못을 정당화하려고 한다.	선생님도 못하면서 우리보고 잘하라고 그러세요?
4	흑백사고의 오류	흑 아니면 백이라고 주장한다.	신을 믿지 않는다니 무신론자군요.
5	공포에 호소하는 오류	동의를 얻기 위해, 논쟁하기 보다는 위협을 사용한다.	너 자꾸 그러면 맞는다.
6	인과의 오류	원인이 아닌 것을 원인이라고 주장한다. 특히 시간적으로 먼저 일어났다고 원인이라고 주장한다.	성적이 안 좋은 것은 분명히 오락을 너무 많이 해서야.
7	성급한 일반화의 오류	적절한 증거가 부족했음에도 불구하고 성급하게 결론을 내린다.	그 사람이랑 하루 같이 지내 봤는데 믿을 만한 사람이에요.
8	잘못된 유비추리의 오류	별로 비슷하지도 않은 두 관계를 비유해서 추리한다.	엄마는 TV 보는데 왜 난 안 돼요?
9	애매어의 오류	여러 가지 의미로 해석될 수 있는 용어를 사용하여 혼란을 일으킨다.	아직도 우리는 배가 고프다.
10	부적절한 권위에 호소하는 오류	주어진 문제와 관련이 없는 사람의 권위에 호소한다.	우리 아빠한테 이를거야.
11	동정에 호소하는 오류	동정심에 호소한다.	불쌍한 아이니 봐주세요.
12	부적절한 실행에 호소하는 오류	관습과 전통이라는 이유로 행동을 옹호한다.	그게 전통이야.
13	우물에 독약치는 오류	자기 주장은 좋은 거라면서 아예 반대의 싹을 자르려는 추리이다.	난, 애국자야! 그러니까 내 주장에 반대하면 안 돼!

순	오류의 이름	오류의 내용	예
14	목욕물을 버리면서 아이까지 버리는 오류	이유나 예 같은 의견의 부분이 잘못되었다고 전체가 다 틀렸다고 주장한다.	그 이유가 말이 되니? 그러니까 네 주장은 생각해 볼 것도 없이 틀렸어
15	무지에의 오류	상대가 자기주장을 입증하지 못함을 근거로 상대를 반박하는 오류이다.	신이 없다는 것을 증명하지 못하지? 그러니 신은 있어
16	논점 일탈의 오류	관련이 없거나 망상적인 쟁점을 인용하면서 논증의 핵심으로부터 주위를 돌린다.	관두고 밥이나 먹읍시다.
17	허수아비 공격의 오류	상대가 의도하지 않은 것을 강조하거나 허점을 비판하여 자신의 주장을 내세운다.	토론을 하라는 것이군. 말이 돼?
18	잘못된 판단에 호소하는 오류	과거에 유사한 행동이 비난받거나 비판받지 않았다는 단언에 의거하여 그 행동을 면제시킨다.	저번에 그냥 넘어갔으니까 오늘도 그냥 봐 주세요.
19	원칙 혼동의 오류	한 원칙을 맥락에 대한 고려 없이 무조건 적용한다.	거짓말하지 말라고 했으니까 도둑놈에게 보석이 있는 곳을 알려줘야지
20	합성의 오류	부분이 참이므로 전체에게도 참이라고 주장한다.	코가 예쁘니까 얼굴도 예쁘겠지?
21	분할의 오류	전체가 참이므로 부분에게도 참이라고 주장한다.	얼굴이 예쁘니까 코도 예쁘겠지?

CLASS

06
디베이트 논제는 어떻게 정할까?

수준이 높은 학생들의 디베이트에서는 논점이 깊고 넓은 논제, 초등학교 중학년 이하의 학생들이 디베이트를 할 때에는 흥미와 함께 토론하기에 쉬운 논제가 좋아요. 시사적인 내용이 들어 있는 논제와 같이 각종 매체에서 다루어진 논제들은 자료들이 많이 있어 예상보다 많은 쟁점들을 흥미진진하게 다룰 수 있는 장점이 있어요.
다음은 디베이트에서 논제를 정하는 방법에 대한 설명이에요.

논쟁성을 지녀야 한다.

논쟁성이란 찬성과 반대의 입장으로 나누어서 쟁점(다툴 거리)이 있다는 것이에요. '우리나라의 사형 제도는 존치되어야 한다'는 논제는 개인 생명의 존엄성이라는 측면과 사회의 안정성이라는 측면에서 어떤 면을 강조하느냐에 따라 의견이 갈릴 수 있어요. 논쟁성이 있어야 논제로서의 타당성을 확보할 수 있지요.

논제는 하나의 중심 생각을 나타내야 한다.

예를 들어, '우리나라의 생태계 보전이 우선이냐, 4대강 유역개발이 우선이냐?'와 같은 논제는 생태계 보전이라는 관점과 4대강 유역개발이라는 관점으로 중심 생각이 둘인 경우예요. 따라서 토론 과정에서 생태계 보전에 대한 찬반 의견과 4대강 유역개발에 대한 찬반 의견이 서로 섞여서 당사자는 물론이고 판정인이 혼란을 겪을 수도 있게 돼요. 이런 경우에는 '우리나라의 4대강 유역을 개발해야 한다'와 같이 하나의 중심 생각을 나타내는 논제로 변경하는 것이 좋아요.

논제를 구성하는 단어의 개념이 명확해야 한다.

'학교에서의 경시대회는 권장되어야 한다' 는 논제에서 '학교' 라는 개념의 용어 정의가 불분명한 것을 볼 수 있어요. 초등학교인지 중학교인지, 고등학교인지, 애매한 말의 오류로 인하여 토론 과정에서 혼란이 빚어질 가능성이 높아요. 이때에는 학교의 등급을 명확하게 제시해야 올바른 디베이트 논제가 된답니다.

가치중립적인 용어를 사용해야 한다.

'짝은 선생님이 정하는 것이 바람직하다' 라는 논제에서 '바람직하다' 라는 단어는 전제 자체가 바람직하다는 심리적 복선을 깔고 있어요. 따라서 가치중립적인 논제라고 할 수 없어요. '짝은 선생님이 정해 주어야 한다' 와 같이 가치중립적인 용어를 사용하면 논제에서 오는 선입견이나 인상을 더 많이 배제할 수 있어요.

찬성 측이 바라는 긍정적 진술로 이루어진다.

논제는 찬성 측이 바라는 긍정적 진술로 이루어져야 해요. 초등학교 5학년 1학기 듣기 · 말하기 · 쓰기 교과서의 3단원에는 '초등학생이 컴퓨터 게임 하는 것을 제한하여야 한다'는 논제가 제시되어 있어요. 또한 5학년 1학기 듣기 · 말하기 · 쓰기 교과서의 3단원에는 '초등학생들은 장기 자랑에서 연예인을 흉내 내지 말아야 한다'라는 논제를 제시하고 있어요. 이러한 형태의 논제를 가지고 토론 학습을 하다 보면 찬성 측과 반대 측의 의견이 서로 혼동을 빚게 되지요. 찬성 측이나 반대 측에서 자기들이 주장하는 것이 과연 논제에 대해 찬성하는 입장인지 반대하는 입장인지 헷갈리게 돼요. 뿐만 아니라 판정인조차도 공정하게 판정을 할 수 없어요. 이러한 논제들은 '초등학생의 컴퓨터 게임을 허용해야 한다'라는 논제와 '초등학생들은 장기 자랑에서 연예인을 흉내 내도 좋다'와 같이 긍정평서문으로 바꿔 주면 더욱 활발한 토론이 진행될 수 있어요.

그리고 우리들은 각종 TV 토론 프로그램에서 '~~해야 하나?' 혹은 '~~한가?'와 같이 의문문 형태의 논제를 볼 수 있어요. 토론전문가협회에서 정한 논제의 규정은 앞에서 소개한 것처럼 논제는 긍정평서문으로 기술하는 것이 원칙이지만, 초등학생들이나 토론을 처음으로 시작하는 사람들이나 언론사에서 토론 프로그램을 진행할 경우에는 의문형으로 기술하는 것을 허용하고 있어요. 의문에 대답을 하려고 하는 사람들의 심리적인 측면을 활용하여 저학년 또는 처음 토론을 시작하는 경우에는 사용하여도 무방하다고 생각했기 때문이에요. 또한 언론사에서 우리 사회의 뜨거운 이슈를 가지고 디베이트를 할 때 제시한 논제가 일반 대중들에게 호기심과 뜨거운 관심을 불러일으켜야 하기 때문에 의문문으로 기술하는 것이 어찌 보면 당연하다고 여겨져요.

좋은 논제는 토론자들은 물론 판정인, 청중 모두의 필요와 목적을 고려해야 합니다.

'중학교에서 통신언어를 사용해도 좋다' 는 논제를 볼게요. 컴퓨터가 없거나 통신언어와 관련하여 전혀 문제가 되지 않는 상황에서 이런 논제를 제기하는 것은 의미가 별로 없어요. 토론에 참여하는 주체들이 토론을 할 이유를 찾지 못하는 경우, 열의를 다해 토론을 준비하기 어렵기 때문에 알차고 흥미롭게 토론하여 교육적 목적을 달성하기 힘들어져요.

논제를 정할 때에는 참가자들의 수준에 맞고 필요한 자료들을 다양한 매체를 활용해서 많이 찾아볼 수 있는 것이어야 합니다.

수준이 높은 학생들의 디베이트에서는 논점이 깊고 넓은 논제, 초중등학년 이하의 학생들이 디베이트를 할 때에는 흥미와 함께 토론하기에 쉬운 논제가 좋아요. 시사적인 내용이 들어 있는 논제와 같이 각종 매체에서 다루어진 논제들은 자료들이 많이 있어 예상보다 많은 쟁점들을 흥미진진하게 다룰 수 있는 장점이 있어요. 디베이트 논제가 교육 현장에서 다룰 수 있는 것인지 명확하게 판단해야 합니다. 지나치게 정치적이거나, 남북 간의 첨예한 이데올로기가 들어 있는 것, 개인의 주관이 크게 작용하는 종교 문제 등은 디베이트 수업의 논제로 적합지 않아요. 자칫 판단력이 미약한 청소년들에게 혼란을 안겨주고 편향된 시각을 가지게 할 수 있고, 개인적 가치관의 대립으로 인해 결론도 없이 물의를 빚을 수 있는 사안이기 때문이에요.

TIP 황쌤의 토론 길라잡이

디베이트 논제 만들기의 실제

교사 : 앞에서 살펴본 디베이트 논제의 구성 기준을 생각하면서 아래의 〈상황〉설명에 적합한 논제를 만들어 볼까요?

학생들 : 예, 어려울지도 모르지만 논제를 만들어 보고 싶어요.

교사 : 발렌타인데이나 빼빼로데이, 화이트데이 등과 같은 각종 기념일에 대해서 여러분들은 어떻게 생각하나요?

학생들 : 사람마다 생각이 달라요.

교사 : 그러면 논제를 어떻게 만들면 좋을까요?

학생들(여러 학생들이 손을 든다) : 제가 해 보겠습니다.

교사 : 그래, ○○○ 발표해 보세요. 또 누구. 좋아요.
　　　즉석에서 수업을 진행한 다음 최종적으로 정한다.

논제 : 발렌타인데이(혹은 빼빼로데이, 화이트데이)와 같은 각종 기념일은 청소년들에게 유익하다 (혹은 필요하다).

교사 : 혹시 유럽에 여행을 다녀온 학생 있나요?
박윤빈 : 저는 영국, 프랑스, 벨기에, 독일을 다녀왔습니다.

교사 : 그 나라들의 박물관에서 청소년들의 입장료를 받던가요?
박윤빈 : 아니요. 무료로 입장을 시켜주었습니다.

교사 : 윤빈이가 말했던 것처럼 유럽의 각국의 경우는 미성년자들의 박물관 입장료는 받지 않는다고 해요. 이런 것을 가지고 논제를 만들어 볼까요?
학생들(여러 학생들이 손을 든다) : 제가 해 보겠습니다.

교사 : 그래, OOO 발표해 보세요. 자, 논제 구성의 원칙에 따라 이렇게 정하면 되겠습니다.
논제 : 우리나라의 박물관 입장료를 미성년자들에게는 면제해 주어야 한다.

CLASS

07
디베이트 학습의 3가지 논제

디베이트는 하나의 논제가 중심이 된다는 것을 앞에서 배웠어요. 무엇에 대해 의논할 것인가에 대해 논제(안건)를 정하는 일은 디베이트 학습에서 매우 중요한 결정이에요. 이러한 논제는 크게 3가지로 분류되는데 정책 논제, 가치 논제, 사실 논제가 그것이에요. 디베이트 수업에서 논제의 유형을 분류하는 것도 중요하지만 논제에서 다루고자 하는 핵심 문제가 무엇인지 정확하게 이해하고 준비하는 과정이 필요해요. 여기서는 3가지로 분류되는 각각의 논제의 개념과 그 사례들을 살펴볼게요.

정책 논제란?

'교내에 CCTV를 설치해야 한다'와 같은 논제는 사실과 가치 판단에 기초하여 행동의 변화를 추구하는 것을 대상으로 하는 정책논제예요. 주로 새로운 정책을 계획하는 단계에서 어떤 것에 대하여 '~을 할 것인가?' 또는 '~을 하지 말 것인가?'를 묻는 형태이며, 대  개 학급이나 학교, 국가, 나아가서 시민으로서 취해야 할 정책에 대한 진술로 이루어져요. 찬성 측이나 반대 측의 입장에서 구체적인 실행을 어떻게 할 것인가 또는 문제를 어떻게 해결할 것인지에 대한 논제를 말하지요. 그리하여 각 측에서 제시한 문제해결 방안을 실행해야 할지, 혹은 하지 말아야 할지 등에 대해 최종 판단을 하게 하지요.

정책 논제를 다룰 때는 자신이 제3자의 입장이 되어 주장을 하게 되므로 정체성과 인격을 보호 받을 수 있어요. 동시에 상대 측이 주장했던 내용들의 오류나 불합리한 것들에 대해 반박을 날카롭게 해도 상대 측의 인격이나 감정을 해치지 않게 되는 장점이 있어요. 또한 정책 논제는 사회적인 이슈가 된 것이거나 되고 있는 것들이 많아서 근거나 사례 자료들을 쉽게 찾을 수 있어 학교 토론에서 많이 다루어지고 있어요. 또한 학생들도 같은 팀원들끼리 정보와 자료를 주고받으며 매우 열심히 준비하고 즐길 수 있어요. 학급이나 가정에서 디베이트 학습을 할 때 이러한 정책 논제를 적극 추천하고 싶어요.

정책 논제의 세 가지 필수 쟁점

◎ 정책 도입의 배경

정책 도입의 취지나 배경, 역사 등에 대해 조사하여 발표해요.

◎ 정책의 정확한 개념이나 의미, 적용 대상과 범위 등을 확립하는 개념 정의

실시하고자 하는 정책이 가지고 있는 개념이나 그러한 정책이 적용되는 사람들이나 범위들을 다뤄요.

◎ 정책이 미치는 긍정적 영향과 부정적 영향 등을 제시

정책을 실시하게 되었을 때 사회나 그 조직 구성원들에게 도움이 되는 요소들과 해를 주게 되는 요소들을 미리 예상해서 근거와 사례들을 통해 자신들의 주장을 펼쳐요.

좋은 정책을 이루는 세 가지 요소

◎ 정책의 필요성

　정책을 세울 때에는 그 정책이 '꼭 필요한가?'를 먼저 고려해 봐야 해요. 디베이트 논제를 가지고 '왜 이러한 주제가 나왔을까?'에 대해 깊이 생각해 보면 어렵지 않게 필요성을 알아낼 수 있어요. 정책의 필요성을 증거를 들어가면서 논리적으로 증명하려면 반대로 이러한 정책이 실행되지 않아서 해를 입고 있는 긴박한 문제의 경우를 생각해서 이야기 하면 쉬워요. 정책의 필요성에 관하여 자세히 고찰해보면 대부분의 경우는 개개 사례의 가치와 많은 관련이 있다는 것을 알 수 있어요. 예를 들면, 논쟁의 영역에 해당하는 인종이나 성별, 권력의 상하에 따른 인권 침해, 기아와 빈곤, 테러와의 전쟁 등이 정책의 이유나 필요가 될 수 있을 거예요. 만일 찬성 측에서 정책의 필요성을 증명해 보이지 못하면 어떠한 일들이 벌어질까요? 반대 측에서는 쓸데없는 일에 돈과 인력을 낭비한다며 공격해 올 것이 뻔한 일이지요.

◎ 정책이 주는 이익

　그 정책이 어떤 이익을 주는지 생각해 봐야 해요. 예를 들어, 찬성 측에서 "우리나라의 4대강 유역을 개발함으로써 인근 주민들에게 경제적인 이득을 가져다주고 홍수 피해를 최소화하여 실질적인 이득을 안겨준다."고 주장할 거예요. 반대 측에서는 "4대강 유역을 개발하는 과정이나 공사가 끝난 후에도 지속적으로 강 유역에 수 천 년 동안 형성된 생태계를 파괴하게 된다."고 하지요. 정책 실현의 결과에 대해서 강한 회의와 비판을 하게 되는 것이지요. 이러한 주장에 맞서서 찬성 측에서는 어떻게 그 정책의 필요성을 주장해야 할까요? 정책의 이익뿐만 아니라 그 정책이 "그것은 무엇을 위해 반드시 필요하다."라고 강조해야 하는데 이것은 이익에다 가치를 부여하는 작업에 해당해요. 즉, "4대강을 개발함으로써 생겨나는 경제적 이득은 지역 주민들의 경제적인 풍요만을 위해서 쓰여질 것이 아니라 4대강의 생태계가 개발 이전과 동등하게 유지되고 이러한 생태계의 보전을 통해 오히려 인간의 생명까지도 연계되기 때문에 더욱 개발의 필요성은 증대된다."고 강조합니다. 정책에서 이익은 매우 넓은 개념이에요. 이익이 있는 만큼 정책의 단점도 많은 것은 당연한 일이죠. 그래서 정책의 가치를 판단하려면 정책의 장단점을 잘 비교해야 하는데, 이것을 '비용-효과 분석(cost-benefit analysis)'이라고 한답니다.

◎ 정책의 현실성

아무리 필요하고 이익이 있는 정책이라고 할지라도 '현실성'이 없으면 의미가 없어요. 하고 싶어도 실현할 수가 없어서 못하는 것이죠. 그렇기 때문에 정책을 찬성하는 측에서는 자신들이 주장하는 정책이 실현 가능하다는 것을 설득하는 것이 자신들이 해야 할 가장 큰 임무예요. 어떻게 현실적이라는 것을 알 수 있을까요? 그것은 모든 정책에 뒤따르는 것 중에서 정책의 실현을 가능하게 하는 '재정'이나 '예산'에 초점이 맞추어져 있는데 정책이 아무리 훌륭하더라도 예산이 지나치게 많으면 좋지 않은 정책이에요. '아마존 강 유역의 밀림 벌목을 전면적으로 금지해야 한다'는 정책은 필요하기도하고, 의미도 있지만 그렇게 하기 위해서 천문학적인 비용이 소요되기 때문에 실현하기가 어려운 정책이 돼요.

비용 다음으로 '정책의 규모'가 기준이 될 수 있어요. 예를 들면, "북한에 전기 공급을 돕기 위해서 부족한 만큼의 전력을 생산해 내는 원자력 발전소를 몇 개라도 세워야 한다."는 주장은 실현하기에 어렵고 설득하기는 더욱 난해한 것이지요. 그렇지만 정책의 규모를 너무 작게 세워 놓고 문제를 다 해결할 수 있다고 하는 것 또한 좋지 않은 해결책이에요.

정책의 현실성을 가늠하는 기준으로써 비용, 규모에 이어서 '실질적인 이익' 이 있어요. 세상의 모든 개인이나 단체, 국가들은 자신들의 이익을 위해서 움직일 때가 많기 때문에 모든 정책은 그 정책에 관련된 개인이나 단체들의 이익과 맞아 떨어져야 현실성이 있어요.

현실성의 마지막 기준으로서 '시간' 을 들 수 있어요. 예를 들면, '북한의 빈곤을 구제하기 위해서 비료나 식량을 한 번에 많이 지원해주자' 는 정책은 북한 가난의 근원인 기술 및 교육의 부족이나 체제의 문제를 함께 해결할 수 없기 때문에 비현실적인 정책이라고 할 수 있어요.

가치 논제란?

가치 논제는 무엇이 좋고 나쁜지, 무엇이 옳고 그른지 또는 무엇이 가치가 있고 없는지에 대한 가치 판단을 전제로 하는 논제예요. 가치 논제를 가지고 디베이트 수업을 쉽게 접하기 위해서는 일상생활에서 갈등이 많은 것, 취미 생활, 건강, 과목 등에 대한 선호도와 영향을 조사하여 간단하게 디베이트를 시켜 보는 것도 매우 좋은 방법이에요.

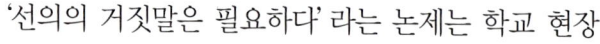

'선의의 거짓말은 필요하다' 라는 논제는 학교 현장에서 가치 논제로서 많이 다루어지고 있어요. 이러한 논제는 선한 목적을 실현하기 위해서는 방법까지도 정당해야 하는지, 아니면 선한 목적을 실현한다는 결과만 같다면 어떤 방법을 선택해도 좋을지에 대한 것이에요. '만화는 우리 사회에 유익하다', '흥선대원군의 쇄국 정책은 잘 펼친 것이다' 와 같은 논제 또한 논제에 담겨 있는 각 요소들이 옳고 그름이나 가치가 있는지의 여부를 묻는 형태에 해당해요.

가치 논제는 토론자의 인격과 매우 밀접한 관계가 있기 때문에 교사가 임의로 입장을 정해 주기보다는 학생 스스로 자신의 가치 판단에 의한 선택이 바람직해요. 이러한 가치 논제를 가지고 하는 디베이트 수업은 자신의 신념을 수정하거나 다지고 유지하며 발전시켜 민주 시민으로 거듭나게 해주는 기회가 된답니다.

가치 논제 다루기의 예

◎ 논제에서 다루는 용어의 개념과 범위를 명확하게 정의

'만화는 우리 사회에 유익하다' 는 논제 중 만화의 개념에는 애니메이션이나 만화와 관련된 산업도 포함되는지 먼저 살펴보아야 해요.

◎ 논제가 가지고 있는 쟁점 중 세부적인 사항과 가치관의 차이를 부각

만화를 읽게 됨으로써 창의성이 향상되는지 오히려 퇴화시키는지 또는 독서습관이 강화되는지 아니면 약화되는지에 대해서 나름대로 근거를 가지고 주장을 펼쳐야 해요.

◎ 분명한 기준의 관점 갖기

만화의 유익성에 대해 논할 때, 학생들을 기준으로 판단할 것인지 아니면 사회 전반을 중심으로 한 관점을 가질 것인지 명확한 기준을 가지고 다루어져야 해요.

가치 논제가 주는 이점

◎ 유익한 생각거리 제공

그 예들은 무수히 많은데, 학교에서나 가정에서 가치 논제를 가지고 디베이트 학습을 많이 해보면 학생들이 생각하고 행동하는 모습이 놀랍게 변해가는 것을 확인할 수 있어요. '소중한 가치는 마음을 움직인다'는 말처럼 무엇이 귀중한 가치인가를 터득하게 되면 학생들의 인성도 크게 변화되고 있는 것을 발견하게 되지요.

'테러를 막기 위해 테러리스트를 고문해도 좋다'라는 논제에 대하여 각 측에서는 어떤 의견들을 가지고 있을까요? 찬성 측은 '민주주의'의 이념 중에 자유와 평등이라는 가치를 주장할 것이에요. 반면, 반대 측은 '인간의 존엄성'에 초점을 맞추어 모든 인간은 고문을 당하지 않고 다른 방법으로 테러를 방지해야 한다는 것을 주장할 것이지요. 이렇듯 디베이트는 자기가 주장하는 것을 뒷받침할 것들을 가지고 증명을 해야 하지요. 어떤 가치가 우리 사회와 우리가 소중히 여기는 것들을 보호할 수 있는지를 증명해야 한다는 것이지요. 예를 들면, '인권'처럼 아주 당연해 보이는 가치도 그것을 증명해 보이지 않으면 가치로서 인정받기가 힘들어요. 어느 쪽도 자신들이 옳다고 생각하는 가치가 인권이나 민주주의를 저버린다고 인정하고 싶어 하지 않을 것이기 때문입니다. 인간의 존엄성을 기반으로 한 인권이나 민주주의는 소중한 가치이기 때문에 그것을 저버린다고 인정하는 것은 자기 쪽에서 내세우는 가치가 소중함과는 거리가 멀다고 스스로 인정하는 꼴이 되기 때문이에요. 따라서 디베이트 수업에서는 상대 측이 주장하는 긍정적인 가치를 부정하기보다는 오히려 자신들이 주장하는 의견에 상대 측이 주장하는 가치가 들어맞을 만한 조항을 포함시키면 좋아요. 즉 상대 측이 주장하는 가치가 우리 측이 주장하는 가치 안에 포함되어 있다고 주장하는 것이 유리해요.

공부가 새로워지는 **토론학습 1교시**
Debate First Class

◎ 세상이나 사물을 바라보는 안목과 행동의 변화 경험

　핀란드에서는 학교 폭력이나 집단 따돌림에 관련된 논제를 가지고 디베이트 수업을 필수적으로 하게 한답니다. 그래서 피해 받는 친구들의 입장과 피해를 주게 되는 학생들의 사정을 이해하는 심성을 갖게 됨으로써 학교 폭력과 집단 따돌림이 현저하게 줄어들었다고 해요. 자신의 언어로 생각하고 다짐하는 기회를 제공하는 디베이트 학습은 마법처럼 학생들의 마음을 아름답게 변화시켜 주지요.

추천! 가치 논제 사례 2가지

논제 사례 1 "동물원의 원숭이가 야생의 원숭이보다 더 행복하다."

　초등학교 저학년 학생들은 꼭 입론, 반론, 최종변론 등의 용어를 사용하지 않아도 돼요. 동물원의 원숭이가 행복할 것 같다고 생각하는 학생들이 의견을 쭉 발표하고 야생의 원숭이가 행복할 것 같다는 의견을 가진 아이들이 발표하게 해요. 그 다음에는 앞에서 상대 측이 발표한 의견들을 들으면서 잘못된 것이나 부족한 것들에 대하여 서로 질문하고 답변을 하면서 디베이트를 즐기면 되지요. 저학년 아이들에게는 형식보다는 서로 의견을 나누면서 지식이나 지혜를 넓혀가는 데 의미가 있기 때문이에요. 학년이 높아질수록 같은 논제이지만 의견이나 근거의 폭과 깊이가 확연히 달라지는 것을 확인할 수 있어요.

논제 사례 2 "더러워진 자동차는 즉시 세차해야 한다."

　이 논제는 이야기할 거리가 매우 많아요. 디베이트 수업에서 이야기할 내용들을 '논점' 이라고 표현해요. 위의 논제를 가지고 어떤 논점들을 다루어야 할까요? 경제적인 측면과 환경적인 측면, 사회적인 측면, 건강의 측면에 대한 논점들이 있을 거에요. 세차를 자주하게 되면 비용이 많이 들고 차체도 마모가 빠르며 그로 인해 더러운 물이 많이 생겨나 오염을 심화하게 되는 부정적인 면이 있어요. 반대로 세차는 외부 세차뿐만 아니라 내부 세차도 포함되기 때문에 인체를 건강하게 하고 청결한 차들로 인해 사회가 활기를 띠며, 사업을 하는 사람들에게는 좋은 이미지를 주게 되는 등 긍정적인 측면도 있어요. 즉 세차를 자주하되 꼭 비누와 왁스를 사용한 세차는 가능한 줄이고 수질 오염을 최소화하는 솔이나 걸레를 이용한 세차를 늘려야 한다는 결론에 도달할 수 있게 되지요. 이렇게 디베이트를 함으로써 다양한 관점을 가지고 조화로운 가치관을 형성하게 해 주어요.

TIP 황쌤의 토론 길라잡이

사실 논제는 어떤 수준에서 다루면 좋은가?

사실 논제는 고도의 과학적인 인과관계 추리와 전문가의 의견 및 통계 등이 요구됩니다. 따라서 초등학교 저학년이나 중학년 학생들은 전체 40분 수업 시간을 할애해서 디베이트 수업을 하기에는 무리입니다. 그래서 초등학교 고학년 학생들 이상의 수준에서는 가끔씩 수업을 전개하면 좋습니다. 그렇지만 정책 논제나 가치 논제를 다루는 디베이트 수업에서도 사실 논제의 경우와 마찬가지로 자료와 정보의 사실성이 기반이 되기 때문에 자신의 의견과 그것을 뒷받침하는 정보의 사실성은 매우 중요합니다.

사실 논제란?

디베이트 수업에서 다루어지게 될 사실 논제는 찬성 측이나 반대 측이 진실이냐 거짓이냐로 양립 가능한 사실에 대해 자신들의 논리로 입증하고 반박하는 논제예요. 예를 들어, '발해는 고구려의 역사와 문화를 계승하였다' 혹은 '아메리카

인디언은 아시아 대륙에서 건너간 몽고 인종에 속한다'는 사실에 대한 논제 같은 것을 말해요. '고종은 일본에 의해 독살되었다'는 우리나라의 역사적 사건에 대한 것도 사실 논제에 해당해요.

한국과 일본 간에 첨예한 갈등을 유발하는 독도 문제는 과거에서부터 현재까지 이어지는 사실 문제예요. '독도는 대한민국의 영토이다'와 같은 논제를 정해서 디베이트를 할 수도 있어요. 국제사법재판소에서 만약 독도 관련 문제가 다루어진다면 우리나라 측과 일본 측의 정부와 민간 관계자들 사이에 치열한 논쟁이 일어날 것은 불 보듯 뻔한 일이지요.

사실 논제가 가장 많이 다루어지고 있는 현장은 어느 곳일까요? 바로 법정이에요. 형사재판에서 국가와 사회의 이익을 대표하는 검사와 피고인을 대리하는 변호사 사이에서 치열한 공방이 벌어지는 곳이지요. '피고 ○○○(은) 사기 혐의가 있다'와 같은 논제는 피고가 사기 혐의가 있는지 없는지에 관한 것으로, 사실관계를 어떻게 입증하느냐에 따라 죄의 유무를 판별하기 때문에 사실 논제라고 할 수 있어요. 디베이트 수업에서 학생 자신이 어느 측에 속해 있든 간에 자신들 주장의 옳고 그름은 논제와 해당 사실의 일치 여부에 달려 있게 되지요.

'미국의 F·루즈벨트 대통령은 일본의 진주만 공격을 사전에 탐지했는데도 불구하고 방관했다' 같은 것도 사실 논제에 해당해요. 이와 같이 아직 진상이 밝혀지지 않은 과거의 역사를 주제로 토론을 하는 것도 흥미가 있어요. 과거에 관한 것 이외에도 현재의 사실에 대한 논제도 좋아요. '우리나라의 실업률은 높은 편이다' 혹은 '한국과 미국 간의 FTA는 우리나라에 도움이 된다' 라든가 '우리나라의 실업률' 이나 '다른 나라들과의 실업률 비교' 와 같은 내용들을 둘러싸고 논쟁이 벌어질 수 있을 것이에요. 이 외에도 '탄소에너지 배출권' 이나 '영토 분쟁' 혹은 각종 '환경 관련 문제' 와 같은 시사성이 있는 논제를 다뤄도 좋아요.

예언이나 예측과 같이 미래의 사실에 대한 것을 가지고 디베이트 수업을 할 수도 있어요. 예를 들면, '21세기에는 아시아 태평양 시대가 도래할 것이다' 라든가 혹은 '2020년도에는 한국의 경제력이 일본을 앞지를 수 있다' 등도 디베이트 수업의 사실 논제가 될 수 있어요. '내일은 비가 올 것이다' 와 같이 일상적인 화제나 '아이돌 스타들이 인기를 누리는 기간은 1년 이내이다.' 라는 것도 흥미진진한 사실 논제가 될 수 있어요. 이 때 유의할 점은 개인적인 문제를 논제로 할 때에는 당사자의 사생활이 침해되지 않는 한도 내에서 디베이트 수업을 해야 한다는 것이에요.

사실 논제의 예시로는 위에서 살펴본 것들 이외에도 'UFO는 존재한다', '우리나라의 2009년도 자살자 수가 교통사고 사망자 수보다 더 많다', '학교의 담을 허물기 전보다 허물고 난 후 성추행 사건이 더 많아졌다', '조기 영어 교육은 모국어 습득에 방해가 된다', '체육 수업 감축은 초등학생들의 체력을 저하 시킨다' 등이 있어요.

국회의원 선거에서 어떤 후보자를 지지하느냐에 대한 것도 사실 논제에 해당합니다. 어떤 정당을 지지하느냐에 대한 여론 조사를 해석하는 것도 마찬가지예요. 국회의원 선거나 대통령 선거를 앞두고 펼쳐지는 토론들은 모두 사실 논제로 구성

됩니다. 각종 심야토론이나 '100분 토론' 등과 같은 토론 프로그램에서는 정당이나 후보자들이 내세운 사회·경제 정책 등의 사실 여부를 놓고 진지하게 점검하고 토론하는 것이 주를 이루는 것을 볼 수 있어요.

교육적 디베이트의 경우 어느 정도 사실 문제에 대한 논의가 있은 후에야 가치나 정책 논제에 대한 토론이 잘 이루어져요. 학교에서 아이들끼리의 다툼에서도 디베이트는 흔히 찾아볼 수 있어요. 현재 학교 현장에서 흔히 일어나고 있는 학교 폭력이나 집단 따돌림 현상 관련 토론 또한 사실논제에 해당해요. 다시 말해서 학생들끼리 분쟁이 일어나면 먼저 다툼이 일어나게 된 사실을 철저하게 알아내야 해요. 그런데 두 명이 다투게 되면 서로 자신의 입장에서 잘한 점이나 억울한 점 등을 위주로 이야기하기 때문에 제대로 판정을 하기가 어려워요. 이 때 필요한 것은 증인이나 관계 서류이고, 상황에 대한 자세한 설명을 토대로 진실을 유추해 내는 힘이에요.

사실 논제의 제시 방법과 판단 기준

◎ 사실 논제의 제시 방법

사실 논제를 가지고 디베이트 수업을 실시할 때에는 논제를 최소한 일주일 전에 제시하여 학생들로 하여금 자료들을 찾아서 토론을 준비할 수 있는 시간적인 여유를 주어야 해요. 사실 논제에 대하여 찬성 측과 반대 측에서 의견을 주장하려면 뒷받침할 수 있는 자료들이 필요하지요. 즉석에서 자료를 제시할 수 없고 또 제시할 수 있다고 해도 검증 불가능한 생각이나 추측에 의존한 것들이라면 자료로서의 신뢰도나 타당도가 떨어지기 때문이지요.

◎ **사실 논제의 판단 기준**

　디베이트에서 주장의 옳고 그름은 사실과의 일치 여부에 달려있어요. 역사적 사실을 가지고 디베이트를 할 때 주의해야 할 점들은 단지 사실 문제만이 아니라, 그 역사적 사실의 현재적 의미나 교훈 등과 같은 가치 논쟁으로 발전할 수도 있다는 것이에요. 그렇지만 사실 여부에 초점을 맞춘 역사적인 사실에 대한 공격과 방어인 경우의 대부분은 사실 논제에 관한 토론이라는 점을 명심해야 합니다.

사실 논제의 세 가지 종류

◎ **존재를 다루는 논제**

　'정부는 기초노령연금을 인상시킬 방안을 가지고 있다' 라든지 '일본은 제2차 세계대전 때 종군 위안부를 강제 동원했다' 와 같은 '사건'의 존재 자체를 다뤄요.

◎ **관계를 다루는 논제**

　'운전자들 몰래 잠복근무를 하는 교통경찰관 제도는 교통사고를 늘어나게 한다' 혹은 '우리나라 대기업은 정부의 비호 아래 고도로 성장했다' 와 같이 어떤 정책이나 사물 간의 전후 관계에 초점을 맞춘 '관계'를 다뤄요.

◎ **지칭을 다루는 논제**

　'○○○ 대통령 정권이 실시한 부동산 정책은 진보적이다', '○○○ 기업의 조직 구조는 군대식이다' 와 같이 사물이나 현상의 이름을 짓거나 분류하는 데 초점을 두며 특정한 개념으로 정의할 수 있는지 아닌지에 주목해야 하지요.

디베이트 논제 종류를 분류하는 것의 한계점

　디베이트 수업에서는 논제의 종류를 분류하는 것도 중요하지만 그것보다는 논제에서 다루고자 하는 핵심 문제가 무엇인지 정확하게 이해하고 준비하는 것이 급선무에요. 왜냐하면 정책 논제, 가치 논제, 사실 논제들은 서로의 경계를 구분 짓기 어려울 만큼 상호 간에 복잡하게 얽혀 있기 때문이지요. 예를 들면, '우리나라는 원자력 발전을 유지해야 한다'와 같은 논제의 경우에는 '원자력 발전은 위험하다'라는 사실 판단과 '비용이 더 들더라도 인간의 생명이 우선되어야 한다'는 가치 판단, 그리고 '원자력 발전 방식을 계속 사용해야 한다'는 정책 판단이 함께 이루어질 수 있기 때문이랍니다.

　현재 우리 사회에서 그리고 과거에 치열한 논란이 있었던 논제일수록 무 자르듯이 딱 잘라서 '이러한 논제는 어떠한 유형에 속하는 논제다'라고 단정하기 어려운 여러 요인들이 얽혀 있는 복잡한 논제이지요. 이것은 지극히 당연하고 자연스러운 현상인데, 제각기 서로 다른 사실 인식과 가치 판단을 하는 사람들이 그들이 추구하는 이상적인 모습을 구현하기 위한 정책을 둘러싸고 갈등하기 때문이랍니다.

TIP 황쌤의 토론 길라잡이

디베이트 논제를 제시하는 시기

2주일 전, 10일 전, 1주일 전에 제시하는 경우

디베이트 수업이나 디베이트 대회의 경우 대개 논제를 2주일 전이나 또는 10일 전에 아니면 1주일 전에 미리 제시하는 것이 보통입니다. 왜냐하면 논제에 대한 자기 측의 주장과 근거 및 사례를 찾는데 시간이 많이 소요되기 때문입니다. '토론의 수준은 자료의 수준'이라는 말도 있듯이 토론에서 자료를 정보로 정보를 지식으로 만든 다음 서로 의견을 주고받는 디베이트 축제를 펼칠 수 있습니다.

예고 없이 즉석 제시하는 경우

디베이트 대회는 의회식 형태를 제외하고 거의 논제를 미리 제시합니다. 하지만 디베이트 수업을 할 때 논제를 디베이트 수업 전에 즉석에서 제시하는 경우도 있습니다. 즉석에서 논제를 제시하는 경우의 장점으로는 평소의 학생들의 상상력과 창의력을 확연하게 키워줄 수 있다는 점입니다. 디베이트 수업의 경우에는 가끔씩 이런 방법으로 해 보면 나름대로 자극을 주고 흥미를 북돋워주기도 합니다.

공부가 새로워지는 **토론학습 1교시**
Debate First Class

CLASS

08
찬성 측, 반대 측, 판정인 잘 나누기

디베이트 수업에서는 학생들의 관심과 흥미가 많고 자료들을 쉽게 찾을 수 있으며 수준에 알맞은 논제를 정하는 것이 매우 중요해요. 그 다음 해야 할 일은 디베이트 수업의 성공을 위해 학급의 학생들 모두가 즐겁게 최선을 다해 열심히 탐구하고 활동하도록 역할을 정하는 것입니다.

디베이트는 그저 말만 잘하는 것이 아니라 주어진 논제에 대해 어떤 입장에서 꼭 필요한 논점들에 대해 근거와 사례를 가지고 상대 측과 판정인을 설득하느냐가 중요해요. 즉 법정에서 변호사는 원고나 피고의 '입장'을 대신 도와주는 것이지 변호사 자신의 이야기가 아니지요. 또 디베이트 대회에서는 즉석에서 '동전 던지기(coin flip)'를 통해서 찬성 측과 반대 측이 정해져요. 다시 말해서 논제에 대해 어느 입장에서 상대 측의 입장도 잘 알고 의견을 주장하고 경청하며 자신과 타인이 주장하는 것 중에서 올바른 것을 더욱 강하게 하고 오류가 있거나 허점이 있는 것들을 서로 지적해 주면서 보다 온전하게 이해하도록 해 주는 것이 바로 디베이트 학습이라는 것이에요.

또한 논제에 대한 '입장'이나 '관점'에서 주장할 수 있도록 팀을 구성하는 것과 함께 매우 중요한 것이 있어요. 그것은 각 팀끼리 실력이 비슷해야 한다는 것이지요.

축구 경기나 다른 경기에서도 게임이 재미있으려면 팀 구성원끼리의 실력이 비슷해야 한다는 것이지요. 그래야 흥미진진하고 디베이트 할 맛이 나고 바라보는 사람들도 재미있다는 것이죠.

　판정인은 처음에는 선생님이나 주변의 어른들로부터 판정기준표를 가지고 판정하는 요령을 알고 난 다음 친구들끼리 돌아가면서 경험해 보면 좋아요. 이러한 사실을 꼭 알고 디베이트를 해야 디베이트를 통해 많은 선물을 받을 수 있답니다.

TIP 황쌤의 토론 길라잡이

선생님께 도움받기

디베이트 수업의 주체들이 정해지고 나면 학생들은 찬성 측과 반대 측, 판정인의 조장을 중심으로 성공적인 토론수업이 이루어지도록 자료를 찾으면서 의견을 나누는 작업들이 활발하게 진행됩니다. 물론 교사는 논제와 관련된 교과 과목, 토론수업일자와 수업시간대, 찬성 측과 반대 측, 베스트 디베이터, 판정 점수, 새롭게 느끼거나 알게 된 점 등의 항목이 적혀 있는 디베이트 학습지를 미리 나누어 줍니다. 학생들은 의견과 그 의견을 뒷받침하는 근거와 자료들을 학습지에 기록을 하면서 약 일주일에서 열흘의 기간 동안 각자가 또는 각 팀별로 활발하게 의견을 교환하고 자료를 준비합니다.

교사는 국어시간이나 도서관에 가는 시간을 이용하여 각 팀별로 모여서 의견을 교환하는 시간을 갖도록 해 줍니다. 컴퓨터 시설이 갖추어져 있는 학교라면 담임교사가 함께하는 가운데 논제에 알맞게 찬성 측이면 찬성 측에 해당하는 의견과 자료 검색, 반대 측이면 반대 측에 해당하는 의견과 자료를 검색하는 분위기를 조성해 주어야 합니다.

학생들은 모두 자기 측에 속한 의견과 자료들뿐만 아니라 상대 측이 주장할 것으로 예상되는 의견과 자료들도 함께 준비해야만 합니다. '디베이트의 꽃'이라고 일컬어지는 '반론 단계'에서 상대 측을 공격해야 하고 상대 측의 공격에 대하여 멋지게 방어를 해야 하기 때문입니다.

교사는 각 팀의 조장으로 하여금 입론과 반론, 최종변론 단계에서 발표해야 할 학생들을 배정한 것을 확인해야 합니다. 그리고 각각의 학생들에게는 각 단계에서 발표할 의견과 자료들을 준비하게 합니다. 학습지에 기록된 여러 가지 논점들 중에서 자기가 속한 팀의 조원들과 모여서 조정을 할 때 발표할 의견들이 겹치지 않도록 도와줍니다. 근거나 이유 등을 제시하면서 의견을 발표할 때, 최소한 15초 정도 이상이 되도록 별도의 용지에 말하는 것처럼 소위 구어체로 기록하게 합니다. 그야말로 학생들이 독립적인 멘트를 작성하도록 도와주는 것입니다. 그 내용을 가능한 이해하고 암기하여 상황에 알맞은 표정이나 신체언어를 이용하여 설득력 있게 발표하게 하는 것입니다. 소위 '총체적 언어학습'이 이루어지는 것입니다. 이 때 '메라비언의 법칙(The Law of Mehrabian)'에 대한 설명을 충분히 해 줍니다.

메라비언의 법칙은 미국의 심리학자 알버트 메라비언이 1971년에 처음으로 주장한 것으로 사람들 사이의 의사소통에는 말, 목소리, 태도라는 세 가지 요소가 있는데 호의나 반감을 나타낼 때, 말로써 이야기 하는 것과 목소리나 태도에 모순이 있으면 사람은 목소리와 태도를 신용하는 비율이 높다는 법칙입니다. 예를 들면, 좋고 싫음이라는 인상은 '말이 상대에게 주는 인상(7%)', '말투나 목소리가 상대에게 주는 인상(38%)', '표정과 태도가 상대에게 주는 인상(55%)의 비율로 결정된다는 것입니다. 즉 말보다는 반(半)언어적이고 비(非)언어적인 의사소통 쪽이 훨씬 더 강한 인상을 준다는 것을 알아낸 것입니다. 그리고 개그콘서트에서 녹화를 하기 전 개그맨이나 개그우먼들은 최소한 60회 이상씩 연습한다는 이야기를 들려줍니다. 이 말을 듣고 아이들은 연습에 최선을 다하게 됩니다.

CLASS 09
논제에 따른 자료 조사하기

논제에 따른 자료의 조사는 자료가 많은 것 보다는 제한된 시간 내에 자기의 주장을 가장 잘 펼칠 수 있는 근거가 되는 자료를 찾고, 그 내용을 정리하여 논리적인 순서에 따라 배열하는 것이 중요해요. 여기서는 논제에 필요한 자료를 검색하고 수집하는 방법들을 배워요.

예비 토의를 통한 자료 검색

디베이트는 논제에 대하여 주장하는 입장에서 의견을 뒷받침하는 근거 자료가 매우 큰 역할을 해요. 본격적인 디베이트를 하기 전에 같은 팀끼리 예비 토의를 해 보면 쟁점을 예상할 수 있고 이러한 쟁점을 뒷받침할 자료들을 수집할 계획을 세우며 구체적인 자료를 찾는데 큰 도움을 주지요. 알맞은 자료를 선택하고 배열하는 것은 많은 시간과 노력이 필요한데, 충분하지 않고 적합하지 않은 자료로는 자신이나 자기가 속한 팀의 주장에 대한 신뢰도와 타당도가 떨어지기 때문이에요. 자료를 준비하는 것은 자신의 주장을 펼치고 상대 측의 반론을 예상하며 재반박할 준비까지 포함하는 과정이에요.

의견을 뒷받침하는 자료들은 자신의 주장을 펼쳐나가는 논증과 맞물려 있기 때문에 디베이트 수업시간에 필요한 자료를 바로 찾아서 활용하는 것은 쉽지 않아요. 그렇기 때문에 지도하는 사람들은 디베이트 시간을 잘 예상에서 자료를 준비할 시간을 미리 주어야 해요. 자료가 많은 것 보다는 제한된 시간 내에 자기의 주장을 가장 잘 펼칠 수 있는 근거가 되는 자료를 찾고, 그 내용을 정리하여 논리적인 순서에 따라 배열하는 것이 중요해요.

　자료를 수집하는 계획을 세울 때에는 먼저 논제에 따른 세부 논점을 확인하고 찬성 측과 반대 측의 주장을 뒷받침하기에 알맞은 자료를 수집해야 한답니다.

자료 검색 방법

　자료 검색 방법은 먼저 온라인을 통해 자료를 찾아본 후, 인터넷 상에서 자료화되어 있지 않은 것들을 오프라인 상에서 확인하는 방법이 효율적이에요. 인터넷에서 찾아낸 자료들은 신뢰성과 정확성이 떨어질 수 있으니 단행본이나 석사 및 박사 논문 등 통해 확인해 보면 더욱 확실한 자료

가 돼요. 자료 조사는 인터넷 검색 창에서 논점이 되는 핵심어로 찾고 각종 언론사의 인터넷 사이트, 토의·토론방에서 핵심어로 찾아요. 도서관에서 관련 서적을 찾거나 전문가와 대담을 해보면 좋아요. 해당 분야의 학생들에게 설문 조사를 하거나 필요한 경우에는 관련 기관을 방문하여 자료를 요청할 수도 있어요.

　또한 자료 수집과 활용전략을 잘 세워야 해요. 찬성 측과 반대 측에서 각각의 토론자들이 각자의 역할과 주장하고자 하는 논점에 따라 근거가 되는 자료를 찾고 자료 수집 카드를 만들어 정리할 수도 있어요. 주장에 대해서 '왜'라는 질문을 계속하면서 관련된 자료를 찾고 주장과 근거 간에 관련이 있으며 특히 공통적인 내용들을 확인합니다. 그리고 자신이 경험한 사례들은 사실적인 자료로 사용해요.

상대 측이 주장한 내용들 중에서 반박을 하려면 전문가의 의견이나 통계자료들을 인용하면 좋아요. 물론 논제와 근거 간에 상관관계를 밝히려면 인과적인 방법을 사용하는 것을 잊지 말아야 하지요. 만약 주장에 대해서 반증 사례가 있을 것이 예상될 경우에는 제한조건을 두어야 의미 있는 정보가 된답니다.

자료 수집 카드 이용

자료 수집 카드를 작성할 때에는 다음과 같은 사항들을 염두에 두어야 해요. 먼저 찾아놓은 자료의 종류를 밝혀야 하지요. 단행본, 논문, 보고서, 신문 기사, 인터뷰, 설문 조사, 동영상 자료 등이 이에 해당해요. 그런 다음 자료의 출처를 밝혀 놓아요. 단행본이나 논문의 경우에는 저자, 책  제목, 출판사, 발행 연도 등을 적고, 신문 기사의 경우에는 신문 이름, 기사 제목, 게재 연월일 등을 적어 놓아요. 자료의 출처가 불분명한 경우에는 오히려 자기주장의 신뢰성을 떨어뜨릴 수도 있기 때문이지요. 자료들을 다룰 거리들인 쟁점과 연결 지어서 정리해 놓으면 쉽게 활용할 수 있어요. 제한된 시간 안에 자료들을 활용해서 자기 측의 입장을 설득해야 하기 때문에 자료의 중요도를 평가해 놓아야 해요. 디베이트가 진행되는 중간에 빨리 자료를 찾는 것이 쉽지 않기 때문이지요. 마지막으로 자료들을 어느 시점에 활용할 것인지 정해 놓아야 해요. 특히 재 반론할 때를 대비하여 일목요연하게 정리된 자료를 만들어 놓으면 긴장하지 않고 디베이트에 임할 수 있어요.

각 측의 팀장들은 자기 측에서 사용할 자료들의 목록을 정리해 두어야 하지요. 왜냐하면 목록을 보면 자기 측에서 주장하는 데 뒷받침되는 자료들이 중복되거나 모순된 자료로 활용할 수 있기 때문이에요. 수 년 전에 "더러워진 자동차는 즉시 세차해야 된다"라는 논제로 디베이트 수업을 했었어요. 이 때 반대 측에서 주장을 펼쳤던 김모 군은 친척분이 경영하는 주유소에서 두 가지 실물자료를 가지고 상대 측을 설득하는데 성공했어요. 자동세차하고 난 뒤 비누거품과 왁스가 들어있는 더러운 물과 세차할 때 빠르게 돌아가는 천을 몇 가닥 잘라가지고 와서 아크릴 판에 때려서 흠이 나는 것을 보여준 것이지요. 더러워진 물은 잦은 세차로 인해 수질오염을 심화시키고 자동차의 차체 표면에 손상을 줄 수도 있기 때문에 경제적으로 손해를 가져다준다는 것을 입증한 것이에요. 자료들 중에서 가장 으뜸인 것들은 역시 실물자료와 실제 일어난 결과이지요.

  디베이트에서 유념해야 할 일은 준비된 자료들이 자신이 주장하는 내용과 깊은 연관을 맺고 있어야 한다는 것이에요. 그리고 그것들이 재구성된 정보로 만들어 주장하는 단계에 가장 적합한 지식을 뒷받침해야 하는 것으로 사용되어야 한다는 것이에요. 디베이트에서 타당한 근거자료는 상대 측을 설득하는데 가장 유용한 역할을 하지요. 또한 자료와 정보를 준비하는 과정에서 엄청난 양의 지식이 축적될 뿐만 아니라 세상을 바라보는 수준 높은 안목이 생겨난답니다.

민주주의를 찬양하는 두 가지 이유가
첫째는 다양성을 인정하고 둘째는 비판을 허용하기 때문이다.
두 번의 찬양이면 매우 족하며 세 번의 찬양은 필요치 않다.

| E.M. 포스터 |

03

Chapter

디베이트 실전을 위한
방법들

01 / 사회자가 할 일
02 / 팀원의 사기를 높이는 조장의 인사말
03 / 입론(立論)으로 자기 측 주장의 밑그림을 확실하게!
04 / 성공적으로 증거를 제시하려면?
05 / 논증(論證)은 디베이트 학습의 핵심!
06 / 논증은 어떻게 만들까?
07 / 반론(反論)은 디베이트 학습의 꽃!
08 / 반론할 때 상대 측의 주장을 비판적으로 경청하는 기준은?
09 / 최종 변론에서는 옥석을 가려 발표하자!
10 / 판정인을 감동시키는 토론자

CLASS 01
사회자가 할 일

디베이트 수업을 할 때 처음의 몇 번은 선생님이 직접 사회를 맡아 진행하는 것이 좋아요. 그리고 어느 정도 익숙해지면 학급에서 학력 수준이 그다지 높지 않은 학생들을 위주로 시키는 것이 좋은데, 왜냐하면 사회자는 다음에서 주어지는 멘트와 시간 체크만을 해 주면 되는 그리 복잡하거나 어려운 역할이 아니기 때문입니다.

논제와 규칙 설명

지금부터 "(.)"라는 논제로 디베이트 학습을 시작하겠습니다. 이 논제를 선정한 이유는 ~~ 입니다. 앞에 제시된 수업 흐름도에 적혀 있는 순서에 따라 정해진 시간 내에서의 발언을 해 주시면 고맙겠습니다. 먼저 디베이트 수업에서 지켜야 할 내용들을 발표해 주시기 바랍니다. 그리고 이어서 이번 디베이트 수업에 참여한 학생들을 대표하여 각 조장들이 인사말을 하겠습니다.

입론(주장 펼치기)

먼저 찬성 측의 입론을 듣겠습니다. 여러 명이 힘을 합쳐서 하고 자료를 제시해도 무방합니다. 규정시간은 각 측 5분입니다.

이어서 반대 측에서 입론을 해주십시오. 시간은 역시 5분입니다.

작전타임(반론협의)

이제 1분간 작전타임을 갖겠습니다. 팀별로 조장을 중심으로 반론을 준비해 주시기 바랍니다.

1차 반론(반론펴기)

상대 측의 입론을 듣고 오류나 의문점, 불합리한 점을 지적하는 시간입니다. 반대 측부터 2분 동안 발표해 주십시오. 시작! 이어서 찬성 측의 반론을 2분 동안 듣겠습니다. 시작!

작전타임(반론꺾기 협의)

1분간 반론꺾기를 위한 협의시간을 갖겠습니다. 각 팀의 조장을 중심으로 질문 목록을 결정하십시오.

2차 반론(반론꺾기)

이제 상대 측에게 질문을 하여 진실을 밝히는 반론꺾기를 시작하겠습니다. 찬성 측부터 3분 동안 상대 측의 입론과 반론펴기의 내용을 중심으로 반론을 해주십시오. 시작!

다음은 반대 측의 반론을 시작하겠습니다. 시간은 3분입니다. 시작!

작전타임(최종 변론 협의)

최종 변론을 위한 작전타임을 1분 동안 갖겠습니다. 반론을 통해 검증된 사실을 참작하여 입론을 재구성해 주시기 바랍니다.

최종 변론

먼저 찬성 측의 최종 변론을 듣겠습니다. 시간은 3분입니다. 시작!
이어서 반대 측의 최종 변론을 듣겠습니다. 역시 3분입니다. 시작!

판정

판정인들이 토론의 과정과 결론에 대해 논평과 함께 판정을 해 주겠습니다.
 판정인 : 판정 결과를 말씀드리겠습니다. 오늘 '(   )'라는 논제로 찬성 측과 반대 측 모두 열심히 해주었습니다. 입론에서는 ○○ 측의 논리가 돋보였고, 반론에서는 ○○ 측의 자료 준비, 근거를 들어가며 설득력 있게 주장한 점, 상대 측의 오류를 정확하게 포착해서 지적하며 자신들 주장의 타당성을 입증한 점 등에서 ○○ 측이 우세하였습니다. 최종변론에서는 주장의 재구성 능력이 뛰어난 ○○ 측이 우세하였습니다. 따라서 전반적으로 오늘의 토론은 찬성 측은 ○점, 반대 측은 ○점으로 ○○ 측이 승리했습니다.
 승패에 관계없이 오늘의 토론 수업을 위해 열심히 준비하고, 끝까지 이성을 잃지 않고 진지하게 참여한 친구들 모두에게 격려의 박수를 보냅니다. 이 모든 노력이 여러분 각자에게 정말로 좋은 경험이 될 것입니다. 끝까지 최선을 다한 상대팀과 서로 악수하고 격려해주시기 바랍니다(박수).

CLASS 02
팀원의 사기를 높이는 조장의 인사말

본격적인 디베이트 수업에 들어가기 전에 전열을 정비하고 각 팀의 사기를 진작시키는 뜻에서 각 팀의 대표인 팀장의 인사말을 듣습니다.
조장에 따라서 인사말을 창의적으로 해도 괜찮겠지만 다음과 같은 방법으로 각 팀장이 인사말을 하게 되면 흥미진진하고 만족할만한 수업이 진행될 수 있어요.

찬성 측 조장 인사말의 예

"안녕하세요? ○명의 찬성 측 조장을 맡은 홍길동입니다. 저희들은 오늘 제○회 디베이트 수업에서 만화는 우리사회에 어떤 점에서 유익한지 중점적으로 주장해 보려고 합니다. 모두가 생각을 넓혀가는 귀한 시간이 되길 바랍니다. 감사합니다."

찬성 측, 반대 측, 판정인, 사회자 모두 힘차게 박수를 보내줍시다.

반대 측 조장 인사말의 예

"안녕하십니까? ○명의 반대 측 조장을 맡은 홍길순입니다. 저희들은 그동안 기대가 많았던 오늘 제○회 디베이트 수업에서 만화는 좋은 점들이 있지만 어떠한 점에서 우리 사회에 부정적인 영향을 주고 있는지에 대하여 집중적으로 살펴보고자 합니다. 서로에게 도움이 되는 멋진 시간이 펼쳐지길 바랍니다. 감사합니다."

모두 열렬하게 박수를 보내줍시다.

판정인 조장 인사말의 예

"안녕하세요? ○명의 판정인 조장을 맡은 오길동입니다. 저희들은 오늘 여러분이 열심히 준비한 내용들을 가지고 힘차게 발표하며 의견을 교환하는 디베이트 수업을 하는 동안 최선을 다해 공정하게 판정을 하겠습니다. 판정 기준은 여러분이 판정인일지라도 그렇게 하는 것과 같이 가능한 많은 친구들이 발표하는 것, 자료들을 최대한 많이 사용하여 상대방을 설득 하는 것, 무엇보다도 상대 측의 의견을 존중하며 듣는 경청하는 태도 등을 중점적으로 살펴볼 것이며 그러한 기준을 가지고 점수를 많이 주도록 하겠습니다. 그리고 최고로 배점이 많은 단계는 여러분들이 알고 있는 것처럼 '디베이트의 꽃'이라고 불리는 반론 단계입니다. 반론 단계에서 치밀하게 시간을 안배하여 공격하고 방어하는 가운데 자기 측이 주장하는 내용들로서 상대 측을 어떻게 설득하는 가에 중점을 두어서 평가할 것입니다.

공부가 새로워지는 **토론학습 1교시**
Debate First Class

CLASS

03

입론(立論)으로 자기 측 주장의 밑그림을 확실하게!

입론은 토론을 하기 위해 논제에 대한 입장을 주장하는 것이에요. 입론의 '입' 자는 들어 간다는 '들입(入)' 자가 아니라 자기 측의 의견을 내세운다는 '설립(立)' 자랍니다.

입론단계에서 이야기 되는 내용들은 토론의 꽃이라 할 수 있는 반론펴기와 반론꺾기의 토대가 되며 최종 변론의 기본 골격이 되지요. 입론의 내용과 구성에 따라 반론 단계에서 반박을 당할 수도 면할 수도 있기 때문입니다. 입론 단계에서 논제에 대한 자신들의 의견을 발표하는 방법은 다음과 같아요.

입론 시 논제에 대한 의견 발표 방법 5가지

우리 팀은 논제 ~~에 대해서 찬성(반대)합니다. 그 이유는 ( )가지가 있습니다.

첫째, ( )입니다. ○○에 의하면 ·····

둘째, ( )입니다. 신문자료 ○월 ○일자 ○○신문에 의하면 ·····

셋째, ( ) 입니다. ○○ 조사 통계에 의하면 ·····

입론 단계에서 자신들의 의견을 뒷받침하기 위해 사용될 자료들은 어떤 점들에 유의하며 준비해야 할까요?

찬성 측의 입론

첫째, 역사적 배경입니다.

역사적 배경이란 논제가 생성된 맥락과 논제에 대한 이해 정도예요. 입론을 작성할 때 간략하게 쓰는 것이 좋아요. 하지만 디베이트 대회 때에는 사회자가 양측의 역사적 배경을 대신하여 읽어주는 경우도 있어요. 교실 상황에서는 생략하는 경우가 있는데 이는 논제를 만드는 과정에서 전체 아동이 직접 참여하여 활동을 하였기 때문이에요.

둘째, 용어의 정의입니다.

용어의 정의는 토론이 겉돌지 않게 하는 장치 중의 하나예요. 그 예로 "초등학생의 한자경시대회는 권장되어야 한다."라는 논제에 대하여 찬성 측에서는 '초등학생'을 '원하는 초등학생'이라는 정의로써 토론을 풀어나가고, 반대 측에서는 '모든 초등학생'이라는 정의로써 토론을 풀어나간다고 해봅시다. 서로 반박을 할 수도 없고 반박 당하지도 않습니다. 아무런 발전을 하지 못하고 토론은 헛수고가 되고 말지요. 따라서 학급에서 논제를 정할 때는 상호 합의하에 용어 정의가 내려지는 것이 좋아요. 그 밖에 모호성의 오류를 범할 가능성이 있거나 어려운 용어는 발표하는 측에서 정의를 내리고 사용해야 해요.

셋째, 의견에 대한 근거입니다.

근거란 주장을 뒷받침할 수 있는 타당한 이유를 말해요. 따라서 논제와 근거 사이는 밀접한 논리성이 확보되어야 합니다. 그렇지 않으면 오류를 범하게 될 수도 있기 때문이에요.

근거는 가짓수가 많다고 좋은 것은 아닙니다. 시간이 제한되어 있기도 하지만, 쟁점을 만들지 못하는 근거는 토론을 무의미하게 만들 수도 있기 때문이에요. 또한 가짓수가 여러 가지인 경우에는 더 큰 범위로 개념들을 묶어서 상위의 개념으로 추상화된 근거를 제시하는 것이 효과적입니다. 예를 들어, '아파트와 같은 공동주택에서의 애완견 사육을 허용해야 한다.' 라는 논제에 대한 반대 근거로 "첫째, 소음공해에 시달립니다. 둘째, 나쁜 냄새에 시달립니다. 셋째, 오물로 지저분해 집니다. 넷째, 알레르기가 생깁니다." 라고 했다고 해봅시다. 모두 네 가지나 되는 근거를 제시했지만, 결국 오염과 공해라는 근거로 압축될 수 있어요. 정보의 양이라는 판정기준에 의하면 감점을 당하게 됩니다. 하지만 주장하는 학생들의 인원이 많은 경우에는 친구들끼리 나누어서 발표하면 무리가 없어요.

　어떤 이유가 더 좋은 이유인가를 판정할 수 있는 방법 중의 하나는 그 이유에 대한 상대방의 반론꺾기가 어려운가 혹은 쉬운가를 보고 판정하는 방법일 것이에요. 구체적으로 살펴보면 각 토론자가 제시한 이유를 상대방이 꺾지를 못하거나 딴소리를 해서 사실상 피해가면, 그 이유는 반론에 강한 이유일 것입니다. 그렇지 않고 상대방이 타당한 반론을 쉽게 펼 수 있는 이유이면 반론에 약한 이유라고 할 수 있어요.

넷째, 설명입니다.

　토론은 상대 측을 설득하는 것인 동시에 결국은 심사자인 판정인을 설득시키는 것을 목표로 한다고 할 수도 있어요. 따라서 아무리 타당한 근거를 제시했다고 하더라도 미흡할 수 있어요. 반드시 근거가 타당하다는 설명을 해야 합니다. 설명에 해당하는 내용은 다음과 같은 것들이 유용합니다.

　경험 중에서 지극히 예외적인 경험이나 소수의 경험인 경우에는 성급한 일반화의 오류에 걸려요. 설문 조사 결과, 전문가의 의견, 통계 자료, 매스미디어 자료, 인터넷, 사전, 사진, 녹음, 실제 사실, 연구 결과 등이 경험을 구성하는 것이에요.

상상이나 추측 및 주관적인 내용은 타당성을 잃을 수도 있어요. 즉 설득력이 약해진다는 것이지요. 이는 상대 측으로부터 반박을 당할 여지를 남겨두게 됩니다. 또한 분명하게 인용하거나 자료화한 것에 대하여 출처를 밝혀야 해요.

다섯째, 결론입니다.

각각의 근거와 설명 간에는 두괄식이 성립됩니다. 즉 근거는 중심 문장이고 설명은 보조 문장으로 하는 하나의 문단은 두괄식이 됩니다. 이는 미괄식 문장보다 주장을 강하고 확실하며 단호하게 하는데 효과적이에요. 또한 모든 근거와 설명이 끝났으면 논제에 대한 입장을 다시 한 번 주장하는 것이 좋아요. 가령, "저희 측에서는 위와 같은 근거를 들어 다시 한 번 ○○ 측의 입장에서 주장합니다."

디베이트 수업에서 각 팀의 팀장은 축구나 야구경기를 이끌어가는 감독과도 같은 존재예요. 이제까지 팀장으로서 팀을 훌륭하게 이끌어서 승리를 했었던 학생들은 모두가 자기가 원하는 대학에 입학했을 정도입니다. 왜 그렇게 되었을까요? 학급에서 회장이나 부회장이 되면 실질적인 방법으로 리더십을 키워나가기 위해서 많은 노력을 하게 됩니다. 학생들을 대표해서 인사말을 하거나 심부름을 한다든지, 친구들이 추천해서 뽑아주었다는 자부심을 갖는 일종의 명예를 쌓아가는 특징이 있다는 것이지요. 학급의 회장이나 부회장과 마찬가지로 디베이트 수업에서의 찬성 측이나 반대 측의 조장은 입론과 반론, 최종변론 과정에서 자기 팀원들을 실질적으로 이끌게 되고 승리하거나 패배하여 소위 '권한위임과 책임'의 원칙에 충실하게 됩니다.

입론단계에서는 일단 5분을 초단위로 환산을 하게 되면 300초가 됩니다. 만약 한 학생에 25초씩 배정이 되어있다면 최소한 10명에서 12명 정도의 학생들이 발표를 할 수 있어요. 이렇게 시간 안배를 한다면 조별 협동수업에서 발생할 수 있는 무임승차하는 학생들이 발생할 여지가 없는 것입니다.

더욱 더 중요한 것이 있어요. 논제에 대하여 각 측 입장에서 연구한 논점들을 크게 나누고 세부내용들을 여러 학생들에게 나누어서 발표하게 하는 것이에요.

논점별 세부내용 나누기

논제의 예를 통해서 논점별로 세부내용들을 나누는 방법은 이렇습니다. "만화는 우리사회에 매우 유익하다."라는 논제가 제시되었을 때 찬성 측에서 어떻게 입론을 구성하고 논점에 따라 몇 명이 나누어서 발표를 하게 할까요? 찬성 측에서 주장할 논점들은 크게 5가지 정도 있고 이러한 논점들을 10명의 학생들이 나누어서 발표하게 할 수 있어요.

첫 번째 논점은 만화는 일상에서 실행하기 어려운 무한한 상상력을 발휘하게 해주어서 현실세계에서 지친 사람들에게 긍정적인 환상의 세계로 인도해 준다는 것입니다. 이러한 논점을 2명의 학생들이 나누어서 이렇게 발표할 수 있어요.

"만화는 지루하고 너무나도 뻔한 현실사회에서 탈출하여 환상의 세계를 체험하게 함으로써 삶의 활력소를 만들어 주는 역할을 합니다."

"만화는 줄글들에서 찾아내기 어려운 상상력이 풍부한 그림들로써 사람들에게 행복감을 가져다 줍니다."

두 번째 논점은 만화는 독서습관을 길러 준다는 점이에요. 이러한 논점들을 나누어보면 다음과 같아요.

"줄 글로 된 책을 읽다보면 일단 독서하다가 쉽게 지치게 되고 책을 읽는 것이 힘이 든다는 편견을 가지게 되어 책을 읽는 것이 부담스럽게 여겨집니다."

"만화가들이 장면 장면 마다 내용에 어울리는 그림들로써 설명을 해 가기 때문에 책을 읽는 시간이 너무도 즐겁고 시간이 어떻게 흘러갔는지 모르게 되며 자기 스스로 책을 오래 읽게 되었다는 성공체험과 함께 지속적인 독서습관이 형성되게 되는 것입니다."

세 번째 논점은 만화는 종이로 만들어진 것뿐만 아니라 애니메이션으로 만들어진 것들도 있기 때문에 경제활동을 하는 사람들에게 일자리를 제공함으로써 경제생활에 긍정적인 영향을 줍니다.

"만화를 그리는 사람들과 애니메이션을 제작하는 사람들에게 새로운 일자리를 만들어 주어서 실업률을 낮추고 경제활동이 원활하게 이루어지도록 돕습니다."

"만화방이나 영화산업 근무자, 만화 속에 등장하는 캐릭터를 이용한 각종 상품들을 제작하고 판매하는 사람들에게 소득을 가져다주어서 경제의 전반적인 흐름을 활발하게 합니다."

네 번째 논점은 정보와 지식을 받아들이고 전달하는 데 탁월한 효과를 가지고 있어요.

"줄 글로 된 것들로 다양한 계층의 사람들에게 계몽적인 내용을 전달하는 것은 매우 어렵습니다. 하지만 만화를 이용하면 전달하고자 하는 것들을 쉽게 받아들이게 되어있습니다."

"일반인들이 전문적인 제품의 사용법이 담긴 매뉴얼이나 역사적인 내용이 담긴 것과 기계공학적인 것들, 수학적인 것들이 만화로 표현된 것들을 쉽게 익힐 수 있습니다."

다섯 번째의 논점은 만화는 스트레스 해소에 도움을 준다는 것이에요.

"갖가지 시험일정에 지쳐있는 학생들에게 재미있는 캐릭터와 스토리가 들어 있는 만화를 읽게 됨으로써 웃음거리를 찾게 되어 자연스럽게 스트레스가 해소되게 해 줍니다."

"게임동영상과 같은 소프트웨어들이 발달함으로써 학생들이나 직장인들이 경쟁하느라 지친 심신을 달래게 해 주는 게임을 하게 하여 억압 된 자연 본성을 되찾게 해주는 데 지장을 초래하는 스트레스를 해소하게 해줍니다."

여섯 번째의 논점은 만화산업의 발달로 인해서 전쟁방지용 시뮬레이션이나 각종 컴퓨터그래픽의 발달에 기반이 되게 해주는 역할을 하게 해 준다는 것이에요.

이러한 방법으로 각 측에서 주장하고자 하는 논점들을 잘게 나누어서 가능한 많은 학생들로 하여금 발표하게 하면 디베이트 학습을 할 때 가장 어려운 골칫거리를 해결 할 수 있어요. 즉 발표하는 학생들만 발표하고 논제에 대한 발표거리를 제대로 준비가 안 된 학생들은 발표를 못하게 되는 어색한 분위기를 없앨 수 있다는 것이죠. 물론 이 때 선생님이나 학부모님들이 학생들의 발표할 논점들에 대하여 물어보고 함께 의논하면 학생들의 관점이 넓어지고 깊어지는 기쁨을 맛볼 수 있어요.

입론의 노련한 예

디베이트 수업이나 토론대회에서 심사를 하다보면 정말 노련하게 입론을 펼치는 경우를 보게 되요. 첫 번째 입론의 마지막 부분에서 반대 측을 유인하기 위한 함정으로 '반증 자료'를 제시할 수 있어요. 예를 들면, "어떤 사람은 ~라고 말합니다.

그러나 ~일 수도 있습니다."와 같은 형태로 유인하는 전략을 사용하는 경우에요. 이럴 때 제시하는 반증 자료는 반대 측이 공격하더라도 충분히 반격할 수 있는 입증 자료를 확보하고 있거나 반대 측 논거의 취약점과 직접 연결할 수 있는 것이어야 해요.

입론에 대한 피드백

 판정이 내려지고 난 뒤 지도 교사나 학부모들은 학생들의 주장에 따른 근거와 사례가 적절했는지, 쟁점에서 벗어나서 중요하지 않은 부분에서 시간을 허비하거나 충돌하였는지 등에 대해 피드백을 해 주면 디베이트를 할 때마다 토론하는 능력이 현저하게 향상되는 것을 확인할 수 있어요. 이러한 방법으로 몇 차례만 디베이트를 하다 보면 학생들은 스스로 깨우치기도 하고 친구들끼리 서로 보완해 주면서 자신감을 키워 나가게 됩니다. 입론도 일정한 형식과 방법이 있다는 것을 깨닫도록 지도하면 보다 효과적인 디베이트 학습이 이루어질 것입니다.

공부가 새로워지는 **토론학습 1교시**
Debate First Class

TIP 황쌤의 토론 길라잡이

주장 - 근거 - 사례! 연결고리를 통한 입론

예를 들면 '만화는 우리사회에 유익하다' 라는 논제에 대해 찬성 측의 입론 내용은 이렇게 구성되면 좋습니다.

① 저희 찬성 측은 만화는 우리 사회에 유익하다고 주장합니다.
② 그 이유는 첫째, 독서하기를 싫어하는 사람들에게도 재미있고 유익한 만화책을 읽다 보면 자신도 모르게 독서하는 시간이 늘어나게 됩니다(근거 1).
③ 컴퓨터가 널리 사용되면서 활자로 된 책을 읽기 싫어하고 컴퓨터 게임을 즐겨하는 학생들이 증가하고 있는데 만화책을 읽게 하면 그 학생들조차도 자리에 오래 앉아서 독서하는 습관이 자연스럽게 형성되게 됩니다(사례).
④ 따라서 만화책으로 인해 우리 사회 구성원들이 독서하는 습관이 늘어나게 되어 만화는 우리 사회에 유익하다고 생각합니다(근거 1의 연결고리).

이러한 예는 주장 – 근거1 – 사례 – 연결고리의 틀로서 이루어져 있습니다.
여기서 ③과 같은 구체적인 사례는 ②가 참이라는 것을 입증하기 위해 필요합니다.
그리고 ④는 ①과 ②가 논리적인 관련성을 갖게 하는 역할을 합니다.
주장하는 틀은 위에서 예를 든 것 이외에도 다른 방법으로 주장을 펼칠 수 있습니다. 1~3가지 사례뿐만 아니라 더 많은 사례들을 제시하면서 논제에 대하여 자기 측의 주장을 관철할 수 있습니다. 주장하는 구조가 어떻든지 간에 주장과 근거가 서로 관련이 있음을 설명하는 연결 고리가 있어야 한다는 점은 디베이트에서 매우 중요한 요소입니다.

TIP 황쌤의 토론 길라잡이

정보의 수집과 분석! 증거자료 효율적으로 만들기

디베이트 수업의 논제에 대하여 자신의 입장을 설득력 있게 주장하려면 근거가 타당해야 합니다. 근거에는 논리적 근거와 실증적 근거가 있습니다. 논리적 근거는 생각에 의해 얻을 수 있지만 실증적 근거는 각종 매체나 자료를 통해 얻을 수 있습니다. 토론학습에서는 두 가지 모두가 중요합니다. 다만 실증적 근거는 주로 인터넷에서 찾으려는 경향이 있는데 너무 인터넷에만 매달리지 말고 다양한 매체를 이용하며 설문과 탐방을 겸하는 것이 바람직합니다.

먼저 증거자료로서의 역할을 다하기 위해서는 다음의 요건을 구비하도록 해야 하고 가능한 팀장을 중심으로 팀원들끼리 협력하여 만들어내면 다양하고 깊이 있는 자료가 만들어 집니다.

첫째, 상대 측이나 방청인, 판정인에게 잘 보이도록 만들어야 합니다. 잘 보이지 않게 작은 글씨로 썼거나, 색이 흐려서 식별하기 힘든 사진자료나 도표 등을 제시하면 전달 효과가 떨어져 역할을 다할 수 없게 됩니다. 오히려 상대 측으로부터 불필요한 질문이나 요구를 받게 되는 빌미를 제공하게 될 수 있기 때문입니다.

둘째, 신뢰도가 높은 자료여야 합니다. 소수가 응답한 설문자료이거나, 지명도가 낮은 인터넷사이트에서 인용한 자료는 신뢰도가 떨어질 수 있습니다. 신뢰도라 함은 현재 뿐만 아니라 과거와 미래에도 일관성이 있어서 믿음을 주는 것을 말합니다.

셋째, 가장 최근의 자료여야 합니다. 현실에 가장 합당한 자료는 같은 조건이라면 최근에 제작된 자료일 것입니다.

넷째, 출처를 밝힐 수 있는 자료여야 합니다. 출처도 모르는 자료를 인용하는 것은 아주 위험한 일입니다.

다섯째, 휴대가 간편하고, 신속히 제시할 수 있어야 합니다.

위에서 제시한 유익한 증거자료의 요건을 갖춘 자료들을 만드는 방법을 살펴보겠습니다.

첫째, 제시할 자료는 가급적 선명하고 깔끔하게 제작되어야 합니다. 그래야 잘 보이고 전달능력도 높아지기 때문입니다. 또한 자료를 너무 많이 만들 필요는 없습니다. 간혹 프레젠테이션 파일로 만들어서 빔으로 제시하는 경우가 있는데 증거자료를 제시하는 시간도 발언시간에 포함되기 때문에 신속하게 제시할 수 있도록 만들어져야 합니다.

둘째, 권장할 만한 것으로는 가볍고 비교적 견고한 압축 스티로폼을 이용하여 만든 자료입니다. 가지고 다니기도 용이할 뿐만 아니라 크기도 다양하여 크기조절이 쉽습니다. 인쇄는 컴퓨터와 프린터를 이용하는 것이 좋습니다. 공청회와 같은 넓은 장소에서 토론을 할 경우에는 방송장비와 빔프로젝터를 이용하여 대형 화면에 비출 수 있는 자료를 제작하는 것도 바람직합니다.

셋째, 많이 만들기보다는 결정적인 것을 만들어야 합니다. 유도경기에서 상대 측을 단 한 번에 때려눕히고 승리하는 것이 바로 '한판승' 입니다.

넷째, 사진이나 도표를 만들 때에는 꼭 필요한 일부분만을 만들어도 됩니다. 가시성을 높이고 주제에 적합한 효과를 높이기 위해 필요한 일입니다. 물론 토론구성원의 수준에 알맞은 도표가 좋습니다.

CLASS 04
성공적으로 증거를 제시하려면?

디베이트 수업에서 논제에 대한 자기 측의 주장을 뒷받침하기에 적합한 증거의 종류로는 우리 주변에서 흔히 찾아볼 수 있는 사례와 일목요연하게 정리된 통계, 그리고 주장에 대한 근거자료로써 누구나가 수용할 가정이나 비유를 통한 자료가 있어요.

증거자료의 첫 번째인 '사례 연구'를 가지고 주장과 어울리게 자세히 설명하는 것이에요. 즉, 주장에서 일어날 것이라는 결과를 실제 상황에서 사실로써 미리 보여주는 것입니다. 예를 들면, 사형제도에 대하여 반대하는 입장에서는 "어느 나라에서 사람이 많이 죽었다."는 것을 말하는 것 보다는 사형제도가 우리 사회에서 부정적인 영향을 많이 주고 있다는 것을 증명하기 위해서 "그 사람들이 사형으로 인하여 많이 죽었고 그 피해가 심각하다."고 설명하는 것이 좋아요.

증거자료로써 막강한 영향력을 행사할 수 있는 두 번째 것으로서 '통계' 입니다. 이러한 통계는 하나의 예가 아니라 여러 가지 예들의 경향을 보여주는 것이에요. 통계 또한 '사례 연구'처럼 통계 속에 들어 있는 내용들을 자세하고 설득력 있게 설명해야 하는 것은 당연한 일입니다. 기아선상에 있는 사람들의 숫자나 절박함을 설명할 때에는 다음과 같이 하면 더욱 설득력이 있을 것에요.

"세계에서 기아선상에 있는 20억 명의 사람들을 설명할 때에도 여러분, 20억 명은 우리나라, 일본, 중국의 인구를 합친 숫자보다 더 많습니다. 전 세계 인구의 3분의 1입니다."

똑같은 숫자를 몇 번 반복하는 것도 강조의 효과는 있지만, 같은 숫자라도 통계를 여러 가지 측면에서 다르게 해석하여 표현하는 것이 더욱 효과적이에요.

증거자료의 세 번째로 주장을 뒷받침해 줄 또 다른 증거인 귀납적이거나 연역적인 추리로 이루어진 '가정'이 필요해요. 이때에는 증거를 '가정'해야 합니다. 즉, 이야기 하고자 하는 상황과 유사한 또 다른 상황을 가상으로 만들어서 증명을 해내는 것이죠. 이라크 군을 공격하는 것을 구석에 몰린 쥐에 비유하는 것이나 미국과 영국의 국력을 독재자에 비유하는 것도 가정하는 유추의 한 예가 되요. 그러나 가정하는 유추는 어쩔 수 없이 사용하는 최후의 수단임을 알아야 해요. 토론에서 인정받고 설득력을 얻게 되는 중요한 목표인 진실에 입각한 증거가 아니라, 가상 세계에서 토론자가 만들어낸 허구이기 때문에 상대 측으로부터 반박을 당하기도 매우 쉽습니다. 실제 있었던 일은 없애기가 불가능하지만 지어낸 것은 다른 사람이 또 다르게 가상의 것을 만들어내면 쉽게 뒤엎어버릴 수 있기 때문에요.

CLASS 05
논증(論證)은 디베이트 학습의 핵심!

토론은 논제에 대해서 서로 다른 주장을 하는 사람들이 논리적으로 자신이 옳음을 입증하는 '논증'이나 경험적 증거를 제시하여 입증하는 '실증'을 통해 자기주장을 정당화하여 다른 사람들을 설득하려는 말하기·듣기 활동이에요.
논증을 잘하기 위한 방법은 다음과 같아요.

첫째, 실제 자신이 경험한 예나 다른 사람이 경험한 실례를 활용합니다. 디베이트 수업에서 가장 흥미 있는 장면은 바로 학생들이 자기의 의견을 펼칠 때 예로 든 자신이나 다른 사람들의 실제적인 경험을 인용할 경우예요. "만화는 우리 사회에 매우 유익하다."라는 논제를 가지고 찬성 측에서 의견을 펼치는 학생이 이러한 예를 들었어요.

"저는 독서를 장시간 동안 하지 못했으나 재미있는 만화책을 읽다 보니 시간 가는 줄 몰랐고 이렇게 되는 동안 줄 글로 된 책들을 읽을 때에도 오랜 시간 동안 앉아 있어서 부모님께로부터 칭찬을 받은 적이 있었습니다."

반대 측의 학생들 중에서 동생의 행동에 대한 예를 이렇게 들면서 실증을 했어요.

"제 동생은 만화 영화에 나오는 캐릭터에 관계된 인형이나 각종 기념품 등과 같은 것을 부모님들에게 사 달라고 조르다가 혼 난 적이 많습니다. 이렇게 만화는 분

별력이 부족한 어린이들에게 돈을 낭비하는 생활태도를 지니게 함으로 우리 사회에 해로움을 준다고 생각합니다."

둘째, 권위에 의한 논증인 책과 같은 활자매체 속에 나오는 예를 활용해요. 찬성 측이나 반대 측의 입장에서 의견을 내세울 때 활자매체를 인용하지 않고 일상적인 예를 들어 근거를 제시하면 너무나 평범하기 때문에 설득력이 떨어질 수 있어요. 하지만 신문이나 서적, 잡지, 논문 등과 같은 활자매체에 나와 있는 내용들을 예로써 인용하면 신뢰성과 타당성이 훨씬 높아 보여요. 물론 이 때에는 활자매체의 이름과 저자, 또는 발간일 등도 함께 제시하면 더욱 돋보이죠.

셋째, 일의 순서와 과정을 자세히 묘사해요. "인간복제는 해야 한다."라는 논제로 디베이트 학습을 할 경우 인간을 복제 했을 때의 문제점들을 열거할 수 있어요. 즉 인간은 모두가 이 세상에 자기 자신은 혼자이기 때문에 정체성이 있고 존귀한 것이지만 똑 같은 사람이 여러 명이 있을 경우에는 존귀함이 현저하게 훼손될 우려가 있어요. 게다가 사악한 인간의 무리들이 범죄에 이용할 목적으로 인간을 복제했을 때에는 문제점이 심각하게 드러날 수 있어요. 이와 같이 논제에서 제시한 사항들의 순서와 과정을 설명하면서 자기 측의 입장을 확실하게 하고 상대 측을 설득할 수 있게 됩니다.

넷째, 이치를 따져가며 설명합니다. 이치란 그 사회에서 어느 누구에게나 인정받고 있는 사회 통념이나 상식 등을 말해요. 의견을 주장하는 쪽에서 억지로 논리를 꿰어 맞추어 의견을 펼치면 상식을 근거로 하여 반론을 제기하면 돼요. 상대 측에게 반론 단계에서 공박을 당하지 않기 위해서는 사회통념에 알맞은, 즉 보편성이 있는 논리로 의견을 펼쳐야 합니다.

다섯째, 논리의 내용에 따라 실험이나 실제 증거를 제시해요. 의견을 뒷받침하는 자료들 중에서 가장 설득력이 있는 것은 바로 실물자료에요. 디베이트 학습에 있어서도 마찬가지입니다. 과학적인 원리에 의한 직접적인 실험이나 문제가 되고 있는 실물 자료들을 직접 보여주면서 설명을 하면 상대 측을 손쉽게 설득할 수 있어요. 논증 자료들 중에서 가장 막강한 것이라고 할 수 있어요.

여섯째, 올바른 원인을 밝힙니다. 어떤 사항의 결과들을 분석하여 그 일들이 일어난 원인을 밝히는 것이 문제해결의 중요한 키가 될 때가 많아요. 상대 측이 지적한 일들의 원인이 오류가 있을 때에는 철저히 반박을 하고 올바른 원인을 제시하면 토론이 활기를 띠게 됩니다. 판정인들로부터 많은 점수를 받으며 상대 측이 그러한 논점에서는 승복하게 됩니다.

CLASS 06
논증은 어떻게 만들까?

토론은 논증 싸움이에요. 토론의 설득력은 잘 구성된 논증에서 나오기 때문이지요.
논증은 참인 이유가 타당한 고리를 가질 때 건전하다고 할 수 있어요.
다음을 통해 논증을 만들어가는 과정을 배워볼게요.

논증의 구조

주장 – 토론자가 말하고자 하는 핵심, 논제를 받아들이도록 만드는 핵심

주장은 논제와의 관계에서 보자면 이유이나, 근거와의 관계에서 보면 주장이 됩니다. "세계화는 철회되어야 한다."는 논제에 대해, 찬성 측은 "세계화를 철회해야 한다.", 반대 측은 "세계화를 철회해서는 안 된다"는 주장이 성립해요. 찬성 측 주장이 논제를 입증하려는 것임에 비해 반대 측 주장은 찬성 측 주장의 부당성을 입증하려는 것이에요.

이유(논거) – 주장을 뒷받침하는 또 다른 주장 혹은 사실적 진술

이유는 주장과 달라야 하며, 그 자체로 실질적이어야 합니다.
"세계화는 빈부격차를 심화시킨다." "세계화는 고유 문화를 파괴한다." "세계화

는 강대국의 약소국 지배 결과를 초래한다." 등

근거 – 이유를 정당화하는 이유의 이유, 판정자들이 이유를 받아들여야 하는 근거

'빈부격차 심화 – 일등만이 살아남을 수 있는 살벌한 경쟁 체제로 밀어넣었다.'

'고유문화 파괴 – 인터넷을 통해 미국 문화가 퍼지기 때문이다.' 등

고리 – 근거와 이유의 관계, 근거가 이유를 뒷받침하는 타당성을 보여 줌

'살벌한 경쟁체제가 지속된다면 빈부격차가 심화된다.' '인터넷을 통해 미국 문화가 퍼진다면 고유문화가 파괴된다.' 등

논증의 건전성

논증은 참인 이유가 타당한 고리를 가질 때 건전하다고 할 수 있어요. 즉, 이유가 참(true)이어야 하고, 고리가 타당(valid)할 때 논증은 건전(sound)합니다.

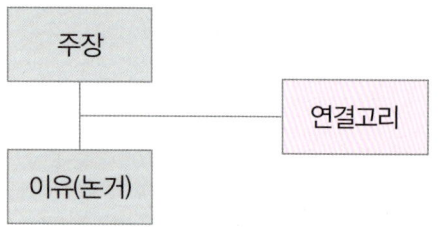

"참인 이유와 타당한 연결고리가
주장을 뒷받침할 때
이 논증은 건전하다고 한다."

논증 만들기 연습 – 5문장 쓰기로 연습하라.

1. 주장 : "~~ 하자"
2. 이유 : "왜냐하면……"
3. 고리 : (이유)라면, (주장)이다.
4. 사례 : "예컨대,"
5. 강조 : "그러므로,"

진행 방법

① 구체적 논제를 준다.

'결혼은 꼭 해야 한다.'

② 학생들에게 주장을 선택하게 한다.

'결혼을 해야 한다.' 혹은 '결혼을 해서는 안 된다.'

③ 자신의 주장을 뒷받침할 수 있는 이유를 쓰게 한다.

'결혼은 자아실현에 방해가 되기 때문이다.'

④ 고리를 만들게 한다.

'자아실현에 방해가 된다면 결혼을 할 필요가 없다.'

⑤ 사례를 구성하게 한다.

'요즘 젊은이들은 결혼보다 자아실현의 꿈을 더 중요시한다. 아이를 낳지 않고 맞벌이 하는 DINK족이 늘어난다는 통계가 그 사례이다.'

⑥ 각 문장을 결합하여 하나의 완성된 단락으로 만들도록 한다.

'결혼을 해서는 안 된다. 결혼은 자아실현에 방해가 되기 때문이다. 요즘 젊은이들은 결혼보다 자아실현의 꿈을 더 중요시한다. 아이를 낳지 않고 맞벌이하며 인생을 즐기는 DINK족이 늘고 있다는 통계가 그 사례이다. 그러므로 누구나 결혼을 해야 한다는 주장은 잘못이다.'

⑦ 만든 사례를 발표하도록 하고 평가한다.

TIP 황쌤의 토론 길라잡이

작전타임 활용은 이렇게 하세요!

작전타임

작전타임은 입론이 끝나고 반론이 시작되기 전에 제 1차로 가집니다. 그리고 반론이 끝나고 최종변론이 시작되기 전에 제 2차로 작전타임을 가지게 됩니다. 주어지는 시간은 1분에서 2분 정도가 좋고 40분 단위로 수업을 하게 되면 1분을 배정하고 50분 단위로 수업을 하게 될 때에는 2분 정도씩 배정해도 좋습니다.

1차 작전타임 때가 매우 중요한 데, 이 단계에서는 그동안 반론 단계에서 발표를 담당하기로 했던 친구들에게 누가 어떠한 논점에 대하여 반론할 것인지 순서를 정하는 것이 좋습니다. 짧은 시간에 많은 활동들이 이루어지기 때문에 조장의 역할이 그 어느 때보다도 중요한 순간입니다.

각 측의 조장은 두 줄로 앉아 있을 때 뒤쪽의 중앙에 앉아서, 발표하는 순서가 엉켰을 때나 정해진 시간에 발표하기로 했던 논점들이 빠지지 않고 수업이 이루어지도록 '조정'하는 소위 '컨트롤 타워' 역할을 해야 합니다. 수업에서 자주 목격되는 것이 늘 조장의 사인에 따라 학생들끼리 적절하게 발표를 하고 있는 장면입니다.

작전타임하면 그냥 어수선하고 잠시 쉬는 시간 개념이 아니라 다음 단계의 향배를 결정짓는 매우 중요한 모둠별 소통과 협의 시간인 것입니다.

조장은 시간이 빡빡할 때를 대비하여 다음과 같은 표를 만들어가지고 미리 유인물화해서 팀원들에게 나누어 주면서 반론이나 최종변론에 이루어지는 활동들을 협의하는 것이 좋습니다.

학습단계명 (   )

발표순서	발표자	상대 측 오류 내용	반론 내용	시간(초)	비고
1					
2					
3					
4					
5					

특히, 조장의 역할 중에 중요한 것이 상대 측의 질문에 휘말려서 준비한 질문이나 공격사항들이 빠지지 않도록 때로는 강하게 제스처를 하여 자기팀의 친구들에게 조정의 역할을 해야 한다는 것입니다. 이렇기 때문에 조장은 오케스트라의 지휘자나 합창단의 지휘자처럼 사용되는 악기나 합창단원들의 수준, 노래 내용을 알고 있는 상태에서 연주나 화음을 조절하는 역할을 합니다.

디베이트 논제에 대한 논점의 전반과 팀원의 특성을 정확히 파악하고 있으며 초단위로 시간을 계산하면서 긴밀하게 운영해야 한다는 것입니다. 이러한 과정과 경험을 통해서 리더십을 훈련할 때 종합적인 사고력이 생기게 되고 전체의 상황이나 흐름을 읽어 낼 수 있는 통찰력이 신장되는 것입니다.

CLASS

07

반론(反論)은 디베이트 학습의 꽃

디베이트 수업의 반론 단계에서는 1차 반론인 반론펴기와 2차 반론인 반론꺾기로 나누어서 수업이 전개되기도 해요. 그러나 디베이트 대회와는 달리 디베이트 수업에서는 2차 반론인 반론꺾기를 중심으로 반론펴기인 1차 반론에서 이루어지는 것을 포함시켜서 한꺼번에 전개하는 것이 흥미 있고 유익해요. 반론 단계에서는 상대 측의 주장을 경청하고서 그들이 가지고 있는 의견에 대한 신뢰도와 타당도가 충실한지, 논리적인 오류가 없이 탄탄한 근거가 있는지를 가늠해 보는 것입니다. 그리고 상대 측의 관점에서 언급하지 못한 것들이 있는지 살펴보고 새롭게 제시해 주는 것입니다. 반론 단계에서는 정해진 규칙에 따라서 인간이 지니고 있는 공격 본능과 전투 본능을 점잖게 표현해내는 게임을 즐기는 기능을 하는 면을 찾아 볼 수 있어요.

반대 측 입론

디베이트 학습을 여러 번 하면 할수록 모두가 그야말로 역동적으로 전개되는 반론 단계의 매력에 흠뻑 빠져들게 됩니다. 학년마다 수준이 다 다르겠지만 그들의 수준에서 예측하기 어려운 갖가지 공격과 방어의 지혜들이 총동원되고 그동안 숨겨져 있었던 학생들의 개성들이 투명하게 드러나게 되기 때문입니다.

반론에 관련된 일반적인 이론들과 수업 시간에 있었던 일화들도 함께 알아볼게요.

1차 반론(반론펴기)

　반론과정을 통하여 반론하는 측에서는 입론에서 다하지 못한 자신들의 주장과 주장에 대한 타당한 근거 자료를 제시하고 상대 측 입론에서의 주장과 근거를 듣고 반대 의견과 증거를 제시하는 단계예요. 반론은 팀원들이 쟁점별로 역할을 나누어 발표할 수도 있어요.

　첫째, 상대 측의 입론에 논리적인 오류가 없는지 분석해 보고 오류가 발견되면 근거를 들어 반대 의견을 펼쳐요. 만약 오류가 전혀 발견되지 않을 경우에는 쟁점 별로 자기 입장의 변론에 치중합니다.

　둘째, 상대 측이 제시한 근거자료에 대해 신뢰도와 타당도가 충분한지를 분석해보고 반론계획에 기록해 둡니다.

찬성 측 반론

　셋째, 반론 시간을 이용해서 준비해 온 자료를 충분히 활용하여 제시합니다. 자료는 토론에 참가한 모든 사람들이 볼 수 있도록 합니다.

2차 반론(반론꺾기)

　질문을 통해 다른 의견이나 주장의 부당함을 밝혀서 꺾는 사고 과정으로 입론과 반론펴기에서 발견되는 모순과 불명확한 점에 대해 상대 측을 심문합니다. 반론펴기 단계보다도 찬성과 반대 간의 상호작용이 긴밀한 것이 반론꺾기 과정이에요. 질문을 통해 상대 측의 허점을 찾아 어떤 질문을 하며, 상대편이 어떻게 답변하느냐에 따라 대응방법을 달리 하기 때문에 순발력 있게 대처해야 해요. 특히 불충분한 근거자료와 신뢰성이 떨어지는 자료, 용어 정의에 대한 질문이 예상되므로 이에 대한 충분한 준비와 연습이 필요합니다. 준비한 자료는 반복하여 제시해도 좋아요.

반대 측 반론

성공적인 반론꺾기

반론꺾기를 성공적으로 하기 위해서는 어떻게 해야 할까요?

첫째, 질문을 짧고 명확하게 합니다. 질문에 대한 배경 설명까지 장황하게 하면 정해진 시간을 많이 낭비해 아주 큰 손해를 보게 됩니다. 국회에서 증인들이나 해당 사건의 장관들을 출석시켜 놓고 날선 비판을 하는 야당의원들의 질문(심문)이나 공권력의 대표자인 검사가 피의자를 심문할 때와 유사한 방법으로 질문을 하는 거예요. 청문회 과정에서 여당 국회의원들은 정책집행을 담당했던 정책 파트너인 행정부서 장관이나 국장급들을 변호하기 위해서 사건의 개요나 출석한 사람들의 업적, 열정 등을 부각시키려고 때로는 장황 할 정도로 질문을 오랫동안 하는 것을 쉽게 볼 수 있어요. 하지만 야당의원들은 발생한 사안들에 대하여 사실관계를 치밀하게 확인을 하고 소홀히 했던 점들을 집중적으로 추궁을 해야 하기 때문에 질문을 짧고 명확하게 하는 것이 통례예요. 학교에서 디베이트 수업을 할 때에 이와 같은 질문공세를 하기 위해서는 많은 준비와 연습이 필요하고 여러 차례 하다보면 익숙하게 되며 자신감을 가질 수 있어요.

둘째, 상대 측에게 질문을 할 때에는 되도록 '예, 아니오'로 답변할 수 있도록 정리해서 해요. "~에 대하여 어떻게 생각하십니까?" 등의 질문을 하면 상대방이 장황하게 대답을 하게 되어 질문하는 쪽 보다 답변하는 쪽이 오히려 유리하게 되기 때문입니다. 예를 들어, 국회청문회에 출석한 증인이나 해당 공무원들에게 야당 국회의원들이 질문했을 때 '예' 혹은 '아니오'라고 답변할 것을 요구했는데에도 불구하고 자기변호를 하려고 할 때에는 심할 정도로 호통을 치고 몰아붙이는 것에 대하여 매스컴을 통해서 볼 수 있어요. 그리고 공격할 수 있는 순서에서 질문권이 넘어왔을 때 확실히 점수를 따 놓아야 해요. 만약 상대 측이 장황하게 답변을 하면 정중하게 답변을 멈추게 할 수 있는 권한이 공격 측에게 있어요.

셋째, 마음을 가라앉히고 흥분하지 않도록 합니다. 토론수업의 전제조건에서 이야기 한 것처럼 토론은 논제에 대하여 가장 합당한 대안을 찾아내기 위하여 편을 나누고 그 입장에서 최대한 의견을 펼치는 것이기 때문에 이성을 잃고 흥분하면 말의 순서를 잊어버리거나 질문할 내용을 잊기 쉬우므로 불리해요. 따라서 토론을 할 때에는 말하는 학생들과 듣는 학생들 모두 지극히 이성적인 태도로 임해야 해요. 저학년으로 갈수록 냉철한 이성적인 측면보다는 직관적인 면이 많으므로 몇몇 학생들이 이성을 잃어버리고 말의 꼬투리를 잡는다거나 윽박지르듯이 상대편을 몰아세우는 경우가 왕왕 있어서 웃음바다로 만들어 버리기도 해요. 그렇지만 결국 토론주체들의 장점과 단점을 정확하게 카운트하는 판정인들에게 감점이 되어 패배하게 되고 후회하게 되는 결과를 초래해요. 특히 학교 현장에서 토론수업을 하다보면 가치논제를 가지고 토론을 할 때 인신공격성 발언이 나올 때가 있어요. 발표하는 학생이 평소에는 그렇게 하지 않으면서도 말은 그럴듯하게 했을 때 상대 측이 이렇게 신경질적으로 물어봅니다.

"지금 말한 친구는 평소에 그렇게 생활하지 않으면서 이번 토론수업을 할 때에는 마치 그렇게 생활하는 것처럼 말하는 것을 보면 위선자 같습니다."

이러한 말을 듣는 학생들은 발끈해서는 안돼요. 왜냐하면 논제를 놓고 찬성 측과 반대 측을 정할 때 자기 자신의 주관적인 관념과 자신이 실천을 잘 할 수 있기 때문에 그 입장에서 의견을 발표하는 것이 아니라 '내가 만약 그러한 상황에 처해 있다면 어떻게 하겠다.' 는 객관적인 생각을 말하는 것이기 때문이에요. 이렇게 디베이트 학습에서 지켜야하는 기본적인 준수사항을 간과하고 인신공격을 할 때에는 오히려 감점을 당하게 됩니다. 또한 정도가 심할 정도로 다툼이 일어날 때에는 판정인이 따끔하게 경고를 하게합니다. 그래도 중단이 되지 않으면 사회자인 교사가 제지를 시키고 그러한 비난행동을 반복할 때에는 다음 번에 있을 '디베이트 학습에 참여할 수 있는 학생으로서의 자격' 을 박탈할 수 있어요.

넷째, 상대 측이 불명확하게 질문을 하면 질문의 요지를 다시 물어 확인해요. 질문하는 측에서 질문의 목적이 정확하게 초점이 맞추어져 있지 않을 때에는 질문하는 측이 감점을 당하게 됩니다. 반대로 질문을 명확하게 제시했는데에도 불구하고 질문을 받은 쪽에서 질문을 할 때 다른 생각을 하고 있었거나 제대로 이해하지 못했다면 질문을 받은 측이 감점을 당하게 되는 것은 당연한 것이죠.

다섯째, 상대 측이 내린 용어의 정의가 부당하게 상대 측에게 유리할 때에는 부당성을 지적합니다. 용어의 정의를 달리하면 토론의 방향이 엉뚱한 데로 흘러갈 수 있고 한쪽이 일방적으로 이득을 받을 수도 있기 때문입니다. "만화는 우리사회에 매우 유익하다."라는 논제에서 만화는 종이로 만들어진 것뿐만 아니라 영화로도 상영되는 애니메이션도 포함됩니다. 애니메이션이 만화라는 개념에 포함되느냐의 여부는 반론 단계에서 논의되어지는 폭과 깊이에 있어서 매우 달라져요. 이와 같이 논제에서 나타나는 용어의 정의를 정확히 하는 것이 성공적인 토론학습을 보장할 수 있어요. "심청이가 한 행동은 지혜로운 것이다."라는 독서토론 논제의 경우에도 어떤 학생들은 심청이가 한 행동보다는 심청전이라는 이야기에 초점을 맞추어서 토론을 진행하다가 토론을 하는 중간에 용어의 정의를 제대로 이해하지 못한 것을 볼 수 있어요.

여섯째, 상대 측이 제시한 근거자료를 면밀히 분석하여 신뢰도와 타당도를 따져봅니다. 상대 측이 주장하는 의견들에서는 대개 시간대의 변화에 따른 일관성인 신뢰도에 크게 어긋나지 않으나 논제 적합성인 타당도에 있어서는 왜곡되거나 불확실한 것들이 많이 발견 돼요. 소위 논리적인 오류들 중에서 가장 많은 비중을 차지하는 것이 타당도의 결여예요. "초등학생들에게 장신구 착용을 허용해야 한다."라는 논제를 가지고 디베이트 수업을 할 때의 반론꺾기 상황이 떠오릅니다. 찬성 측에서 이렇게 입론을 했어요.

"반대 측 친구들도 경주나 공주에 있는 왕릉에 가 본 경험이 있을 것입니다. 그 곳에서 무엇을 보셨습니까? 왕과 왕비들의 목걸이와 귀걸이, 벨트 등과 같은 장신구들을 보았을 것입니다. 옛날의 우리 조상들도 장신구 착용을 했는데 이렇게 현대화된 시대에 자신의 아름다움을 위해 귀걸이나 목걸이 착용을 허용하는 것은 당연시 되어야 합니다. 또한 우리 초등학생들이 장신구 착용을 한다고 하더라도 어느 누구에게 피해를 주는 것도 아닌데 굳이 금지하는 이유가 무엇인지 모르겠습니다."

반대 측에서 찬성 측에서 놓친 타당도의 오류에 대하여 정곡을 찌릅니다.

"지금 찬성 측에서는 논제를 제대로 이해하고 있지 않은 것 같습니다. 논제에서 밝힌 바와 같이 장신구 착용의 주체는 일반 어른들이 아니라 '초등학생들' 입니다. 옛날의 왕족들이 초등학생들 입니까?"

위의 예시는 주제 적합성인 '타당도' 의 오류를 지적한 예에요.
이와 같은 논제를 가지고 디베이트 학습을 한 결과 찬성 측의 논제에 대한 정확한 이해가 없었기 때문에 많은 공격을 당하여 반대 측이 한판승을 했어요.
신뢰도의 문제는 입론이나 반론 단계에서 주장하는 의견들이 시간을 달리하면서 달라져 헷갈리게 하는 경우예요. 어떤 경우에는 자기팀원들끼리 의견이 일치되지 않아서 앞에서 말한 내용과 뒤에 말한 내용이 다른 경우가 있어요. 그래서 상대 측으로부터 호되게 공격을 당하고 후회를 하게 됩니다. 이와같이 디베이트 수업에서는 상대 측의 의견에도 경청해야 하지만 자기 팀의 발표 내용 또한 정확히 이해하고 있어야 해요. 디베이트 수업이 가져다주는 최대의 선물이 친구들의 의견을 매우 주의 깊게 듣고 자신의 생각과 비교할 수 있게 된다는 것입니다.

일곱째, 상대방의 정곡을 찌르는 질문을 합니다. 디베이트 수업을 하다보면 주장하는 의견이 어느 한쪽 측면에서 마치 만고의 진리이고 대안이 없는 것처럼 이야기 하는 것을 쉽게 발견할 수 있어요. 이렇게 취약한 점들을 콕콕 찔러서 상대 측을 당혹스럽게 하면 많은 점수를 얻을 수 있고 상대 측에게 폭넓게 생각하는 기회를 제공하게 됩니다.

"만화는 우리 사회에 매우 유익하다."라는 논제를 가지고 디베이트 수업을 할 때입니다. 찬성 측에서 "만화는 줄글들을 읽을 때 보다는 우리들에게 상상력을 불러 일으켜 줍니다."라는 의견을 발표했어요. 이에 대해서 반대 측에서 강력하게 반대 주장을 펼쳤습니다.

"아닙니다. 만화는 글을 읽을 때 읽는 사람 나름대로 자신의 개인적인 경험을 통해서 상상을 하게하는 힘을 펼치지 못하게 하기 때문에 오히려 상상력을 제한할 수도 있습니다."

찬성 측에서는 반박할 의견과 근거를 모색하는 데 전전긍긍하면서 이러한 논점을 미처 준비하지 못하고 있었던 찬성 측 조장은 매우 당혹스러워하고 있어요. 찬성 측 팀원 모두가 서로의 얼굴을 바라보면서 어느 누가 반대 측의 위와 같은 반박에 대하여 재반론으로 꺾어주길 고대하고 있었어요. 이 때 찬성 측을 구원할 '구세주(?)' 가 등장했습니다. 어떠한 논리로 반대 측의 코를 납작하게 해 주었을까요?

"여러분, 우리들이 즐겨 보고 있는 만화책이나 애니메이션을 만든 사람들은 단순히 그림만을 잘 그리는 사람들일까요? 제가 알고 있기에 만화가들의 대부분은 우리들보다 훨씬 더 다양하고 많은 경험을 한 창의성을 지닌 사람들입니다."

"예를 들면, 〈타짜〉, 〈꼴〉, 〈식객〉 등의 만화작품을 그린 허영만이라는 화백은 서양화를 전공했고 평범한 사람들이 경험하지 못하는 수많은 것들을 몸으로 경험을 많이 한 사람입니다."

"초등학생들이나 중고등학생들과 비교해 볼 때 앞에서 예를 들었던 만화가들이 그려내는 장면들을 비교 해 보면 어느 쪽이 더 상상력이 풍부하다고 할 수 있을까요?"

이렇게 뜨거운 공방을 계속하여 결국에는 '상상력을 키워 준다.' 라는 논점에서는 찬성 측이 승리를 했고, 그렇게 발표를 했던 학생은 친구들의 열렬한 신뢰 속에 결국 2학기에 학급의 회장으로 당선이 되었어요. 예상하지 못했던 찬성 측의 공세에 대응하지 못했던 반대 측 학생들의 분위기는 그야말로 찬물을 끼얹은 것처럼 잠잠했어요.

만화와 관련된 디베이트 수업이 끝난 후에 만화가들의 우수성을 지적해 낸 학생에게 물어보았어요.

"○○야, 혹시 네가 제시한 의견에 반박할 내용도 있었니?"
"예, 선생님 저는 줄글로 되어 있었던 인기 작품들을 만화책이나 만화영화로 만든 것들을 비교 해 보면 줄글들이 훨씬 더 재미있었다는 것과 상상력은 창의성의 한 분야이기 때문에 어렸을 때부터 자기만의 생각을 해 보는 훈련을 지속시켜 준다는 의미에서 줄글이 만화보다 훨씬 더 상상력을 키워주는데 도움이 된다고 반박했을 것입니다."

그 학생이 평소에 얼마나 폭넓고 깊이 있게 생각을 많이 하면서 생활하고 있는지 매우 놀랐습니다.

여덟째, 상대방의 논리적인 취약점을 찾아 집중적으로 질문합니다. 어느 때에는 같은 팀 구성원들이나 한 학생이 여러 차례 발표를 할 때 앞에 주장한 내용과 중간이나 끝부분에서 주장하는 내용들이 현저히 상이한 점들을 확인하게 됩니다. 소위 논리적인 오류를 범하고 있는 것이지요. 이러한 논리적인 약점들에 대해 계통을 세워서 메모해 두었다가 집중적으로 질문 공세를 하는 것 또한 반론 단계에서 매우 중요한 포인트예요.

아홉째, 자기 팀이 질문을 하는 동안 다른 학생들은 질문에 대한 답변을 분석하고, 또 다른 학생들은 다음 쟁점에 대해 질문할 준비를 합니다. 같은 의식 수준의 친구들끼리 토론을 하기 때문에 반론과정에서 매우 팽팽한 느낌을 줘요. 그렇기 때문에 학생 혼자 여러 논점들을 다 챙겨서 공격이나 방어를 하기가 매우 어려워요. 따라서 자기 팀원이 상대팀을 향해서 질문을 하는 동안 다른 사람들은 입론 단계에서나 미리 준비했던 내용들을 상황에 알맞게 질문할 준비를 해도 좋아요.

그동안 많은 디베이트 수업을 해 보면서 '반론 단계에서는 어떠한 활동들이 이루어졌으면 좋겠는가?' 생각을 많이 해 본 결과, 다음과 같은 결론에 도달하게 되었어요. 디베이트 대회에서는 반론펴기와 반론꺾기 단계가 별도로 분리되어서 진행이 될지라도 디베이트 수업에서 만큼은 이 두 단계가 혼합이 되어 그냥 '반론' 단계로써 이루어졌으면 한다는 것이에요. 실제로 디베이트 수업을 처음으로 실행할 때에 반론펴기와 반론꺾기를 각각 한 단계씩 두 단계로 나누어서 수업을 진행하였어요. 그렇지만 질문을 주고받는 '반론꺾기' 단계에서 시간이 너무 짧고 반론펴기 단계에서는 그다지 활기차게 토론이 이루어지지 않고 있었어요. 그 다음 디베이트 학습시간에는 주로 상대 측이 입론과정에서 발표한 오류들을 지적하여 질문을 던지는 '반론꺾기' 위주로 수업을 해 보았어요. 그 결과 학생들의 반응 또한 매우 좋았고 수업현장의 적합도 면에서 월등히 효과가 있었어요. 왜냐하면 이러한 '반론꺾기 형태의 반론 단계 내'에서 '반론펴기 단계에서 이루어져야 하는 것들'을 포함해서 활동할 수 있기 때문이에요. 즉, 입론에서 다하지 못한 자신들의 주장과 주장에 대한 타당한 근거자료를 제시하고 입론에서의 상대 측 주장과 근거를 듣고 반대 의견과 증거를 제시하는 내용들이 반론꺾기 단계에서 모두 이루어 질 수 있는 것을 확인했어요.

"초등학교에서 중국어를 정규교과로 도입해야 한다."라는 논제에 대해 찬성 측은 "중국어를 정규교과로 즉시 도입해야 한다."는 의견을 위해 다음과 같은 근거를 제시할 수 있어요.

첫째, 우리나라는 한자문화권에 있습니다.
둘째, 경제·문화교류에 긍정적입니다.
셋째, 영어와 함께 병행해도 무리가 없습니다.
넷째, 우리 국민의 능력개발을 위해 조기에 실시하는 것이 좋습니다.

이러한 찬성 측의 의견에 대하여 반대 측에서는 다음과 같은 반론을 제기할 수 있어요.

첫 번째, "우리는 한자 문화권에 있다."는 의견에 대하여는 우리는 한자는 쓰고 있으나 한자라는 언어와 별개의 문제입니다.

두 번째, "경제·문화교류에 긍정적이다."라는 의견에 대하여는 일본은 한자를 우리보다 더 많이 사용하고 있지만 중국어를 초등학교에서 가르치지 않습니다.

세 번째, "영어교육과 병행해도 무리가 없습니다."라는 의견에 대하여는 네 가지 근거를 들어 반론을 할 수 있어요.

"사교육비가 늘어 날 수 있습니다."

"국어의 정체성이 약해질 수 있습니다."

"초등학생의 능력에 무리입니다."

"중국어 아니고도 배울 것이 너무 많습니다. 단순한 중국어 학습 보다는 중학교에 진학한 이후부터는 멀리 보면 대학입시를 준비해야하는 강박관념 때문에 다양한 분야에 걸쳐서 독서하기에 시간이 없는 것이 우리나라의 현실입니다. 따라서 학습을 위해 시간을 투자하는 시간대 보다는 위대한 독서활동을 하는 것이 더욱 시간을 잘 보내는 것이라고 생각합니다."

위와 같은 반대 측의 반론에 대하여 찬성 측에서는 반론을 꺾어야 해요. 이 때 반대 측이 반론한 것들 중에서 찬성 측에서 인정하거나 수긍할 것은 수긍해야 합니다. 그리고 반론을 할 만한 내용들을 미리 예상해서 준비한 다음 반론을 꺾는 것이 중요해요. 첫 번째의 반론 중에서 "한자는 쓰고 있으나 언어와는 별개의 문제"라고 하는 것은 인정합니다. 하지만 두 번째의 반론인 "일본은 한자를 우리보다 더 많이 사용하고 있지만 중국어를 초등학교에서 가르치지 않습니다."라는 것에 대하여는 반론을 꺾을 만한 여러 가지 논점들이 있어요.

"일본이 우리의 모범은 아니다."

"우리가 일본을 앞서갈 수 있는 기회다(반례 제시)."

"우리가 중국과 더 긴밀한 관계를 유지할 수 있는 방법이기도 하다(수출액 세계

1위, 중국교포연관, 대북관계)."

와 같은 내용으로 반론을 꺾을 수 있어요.

그리고 찬성 측에서 주장하는 세 번째의 반론인 "영어교육과 병행해도 무리가 없습니다."라는 의견에 대하여 "외국어를 많이 구사한다고 해서 국어의 정체성이 약해지는 것과 인과관계는 없다고 생각합니다."와 같이 반론을 꺾으면 좋아요.

공부가 새로워지는 **토론학습 1교시**
Debate First Class

CLASS

08

반론할 때 상대 측의 주장을 비판적으로 경청하는 기준은?

반론을 할 때 상대 측의 주장을 경청하는 기준에는
사실성과 관련성, 충분성, 부적합성, 그리고 새 방안 제시하기 등 5가지가 있어요.
이 5가지 기준을 통해 상대 측의 주장을 조목조목 파악할 수 있음을 알아보도록 할게요.

사실성

상대 측이 제시한 주장, 근거, 사례, 조건, 연결고리가 사실인가? 또는 정확한가를 살펴보는 것이에요. 상대 측과 판정인들에게 우리 측이 주장하는 바가 옳다는 믿음을 주려면 어떻게 해야 할까요? 주장하는 요소들이 사실이어야 한다는 것은 지극히 당연하고 중요한 것이죠. 만약 어떤 주장이 사실에 어긋나는 거짓이라면 아무리 말을 잘해도 상대 측에게 받아들여지기 어렵기 때문이에요.

예를 들면, 찬성 측에서 우리나라는 미국과 독일과 같은 학생 고용 교육 프로그램이 없기 때문에 아르바이트가 청소년들의 사회적응력을 길러 줄 수 있는 좋은 기회가 된다는 주장을 했어요. 이 때 반대 측에서 우리나라에도 미국의 학생 고용 교육 프로그램과 같은 사례 못지않게 청소년 인턴제 프로그램이 있다고 반박을 할 수 있어요.

관련성(유기성)

근거가 주장과 관련성이 없거나 약하면 주장의 설득력이 없어질 것입니다. 그리고 사례 자료나 정보가 적절한 예가 아닐 때 논리적인 증거는 힘을 잃게 됩니다. 물론 상대 측이 근사해 보이는 사례를 찾아 제시할 경우 그것에 매료되어 설득될 수도 있어요. 그러나 사례가 아무리 근사하더라도 주장과의 연관성이 부족할 때에는 논증에 문제가 있음을 지적해야 해요. 예를 들면 '갑이라는 친구는 학급의 회장이 되어야 한다' 는 논제로 찬성 측에서 주장을 펼칠 때, 근거로써 친구들에게 떡볶이를 잘 사주기 때문이라는 근거를 내세운다면 주장과 관련이 없는 것이 됩니다. 또는 '교내에 CCTV를 설치해야 한다' 는 논제로 찬성 측에서 주장을 하게 된다면 교내에 설치 여부를 이야기해야 하는데 은행이나 대형마트 등에 CCTV의 설치에 대하여 이야기 한다면 논제와 관련이 없는 것이에요. 이 때 반대 측에서는 논제에 대하여 적절한 관련성이 없음을 지적해야 합니다.

충분성

이 요소는 우리들이 흔히 알고 있고 저지르기 쉬운 '성급한 일반화의 오류' 나 '흑백의 오류' 를 떠올리게 합니다. 그런데 실제 디베이트에서 사례를 두 개 정도를 들고 자기 측의 의견을 주장할 때 근거가 충분하지 않다고 지적하여 반론하는 것은 적절하지 않아요. 왜냐하면 디베이트 반론 시간이 10분 이상 되는 것도 아니고 5분 안팎으로 짧은 시간이 주어지기 때문에 각각의 사례를 여러 개를 들 수 없게 되기 때문이에요. 만약 여러 개를 들게 된다면 시간에 쫓기게 되고 다양한 논점으로 반론을 전개할 수 없게 됩니다. 그러면 디베이트의 반론 단계에서 충분성이란 어떻게 적용되는 것일까요? 그것은 제시된 사례의 비율이나 정도가 주장을 이끌어 내기에 부족하다는 점을 반론할 수 있을 때 사용되는 것입니다. 예를 들어 '중국인들은 공중도덕을 잘 지키는 민족이다' 라는 논제로 디베이트를 할 때 반대 측의 학생이 "제주도로 현장체험학습을 갔을 때 중국인들이 쓰레기를 마구 버리는 모습을 미루어 보아서 중국인들은 공중도덕을 잘 지키는 사람들이 아니다."라고 주장했다고 하면 '합성의 오류'에 해당해요. 즉 부분을 보고 전체에 적용되는 일인 듯이 주장하는 것이지요.

또 반론에는 상대방 논증의 각 요소를 조목조목 직접 반론하거나 논리적인 모순을 제시하지 않고 상대 측의 주장과는 다른 관점을 제시하여 상대 측의 주장을 약화시키는 방법이 있어요. 상대 측 논리적인 증명의 세부 구성 요소가 아닌 상대 측의 주장에 대해 방향성이나 방안 등을 다른 관점으로 제시한다는 것입니다. 상대 측 주장이 현실성이 없다거나 실현 가능성이 없다는 것을, 자신의 더 나은 방안을 밝히거나 상대 측의 주장이 진리라고 가정한 다음 상대 측이 주장한 대로 할 경우 황당하거나 부정적인 결과가 나타날 것임을 주장하는 방식이에요.

부작용 찾기

상대 측이 제시한 주장이 제 기능을 못하거나 오히려 더 심각한 문제를 일으킨다고 주장하는 방식이에요. 예를 들면, 학업성취도 평가를 준비하는 학생이 국어 성적이 잘 나오지 않아서 이를 해결하는 방법으로 학원을 다니거나 학습 시간을 늘려야 한다고 주장할 수 있어요. 여기에서 '학원에 다니는 것이 국어 성적을 올리는 데 정말 중요한 변수인지', '학원에 다니게 되면 국어 공부에 다른 문제는 없는지' 등을 따질 수 있어요. '국어 학습시간을 늘리는 것이 다른 과목의 성적 하락이라는 악영향은 없는지', '학습 시간이 적은 것이 국어 성적 부진의 가장 중요한 요소인지' 등을 점검해야 합니다.

이 반론은 상대 측의 주장이 여러 인과 관계로 구성되어 있을 때 효율적입니다. 반대로 어느 한쪽의 주장만이 어떤 하나의 결과를 가져오는 경우에는 그 유일성으로 인해 반론이 쉽지 않아요. 이를 거꾸로 이용하면 상대 측의 반론을 적절하게 방어하는 자기 측의 전략으로 사용할 수 있어요. 우리 측은 우리가 주장하는 것 외에 다른 대안이나 방법이 없는 것을 선택하게 노력하면 돼요. 그러면 부작용 논쟁으로부터 벗어날 수 있어요.

반론을 준비할 때 '과학기술의 발달은 인류의 미래를 행복하게 한다'는 주장이 반드시 참이 아니고 다른 부작용이나 문제점이 발견될 수는 없는지 비판적인 시각으로 분석하면 됩니다. 여기에서 과학기술의 발달이 최고라고 여기는 사고를 갖게 된다든지 삶을 행복하게 하는 것은 오직 과학기술이라고 여기는 부작용을 찾아 반론하면 됩니다. 사람들의 인체에 치명적인 질병을 유발하는 방사능이나 오존층 파괴와 같은 폐해를 들어 찬성 측의 논증을 반론할 수 있어요.

새 방안 찾기

찬성 측이 기존 질서를 변화시키는 새로운 제안을 하고 반대 측은 기존 질서가 문제없음을 들어 방어하는 입장을 취하는 디베이트 논제의 경우를 볼게요. 반대 측은 기존의 현상을 유지하려는 노력만 역설하여 찬성 측의 주장을 무마시킬 수도 있어요. 그러나 좀 더 적극적으로 찬성 측이 제안한 것을 받아들이면 반대 측이 제시하는 더 나은 어떤 제안을 잃게 된다는 점을 들어 공격할 수 있어요. 그리고 그 대안이 찬성 측의 주장보다 어떤 근거나 사례로써 더 가치 있는지를 설명하는 방식으로 반론을 진행하면 됩니다.

  '과학기술의 발달은 인류의 미래를 행복하게 한다'는 논제에서 과학 기술은 질병의 원인을 발견하고 치료하는 방법을 개발하여 평균 수명을 연장시켰고 자연재해를 대비하여 여러 가지 장치를 마련해 놓았다는 것을 찬성 측에서 주장할 것입니다. 그러나 반대 측은 미래에 발생할 수 있는 원자력 발전소의 폭발이나 핵무기로 인한 공포, 오존층 파괴, 온실 효과 등의 부작용을 주장할 것입니다. 찬성 측에서는 반대 측에서 주장하는 내용들을 포함한 더 넓은 범위의 해결 방안을 가지고 반대 측을 설득해야 해요. 인류의 생명을 파괴할 요인들은 인간들끼리의 조약으로 충분히 해결될 것이고 이렇게 논의하고 있는 것 또한 그 방법의 하나라고 주장하는 것이에요. 이와 같이 각각의 구체적인 사례들을 들어가면서 대안을 제시하면 좋아요.

TIP 황쌤의 토론 길라잡이

반론 만들기

토론은 논증 구성 못지않게 바르게 반론하는 것이 필요합니다. 토론이 비판적, 분석적 사고를 발전시킬 수 있는 것은 반론을 구조적으로 익힐 수 있는 기회를 주기 때문입니다.

반론의 구조

반론의 포인트는 3군데 입니다. 이는 논증의 문제점을 지적하는 것과 일치합니다.

첫째, 근거가 잘못이다.
뿌리를 공격하는 것입니다. 근거가 사실이 아니라는 점을 지적합니다. 혹은 근거가 불충분하거나, 또는 근거를 잘못 알고 있기에 받아들일 수 없다는 점을 지적합니다.

'찬성 측은 세계화가 빈부격차를 심화시킨다고 주장했습니다. 그리고 그 근거로서 세계화가 여러 나라를 살벌한 경쟁 체제로 밀어 넣기 때문이라고 말했습니다. 이 근거는 잘못입니다. 세계화는 국가 간 상호협조를 통해 서로 잘 살도록 만드는 결과를 가져오기 때문입니다.'

둘째, 근거가 주장과 관련이 없다.
연결 고리를 공격하는 것입니다. 근거는 주장이나 실제 사례와 관련이 없다는 점을 지적합니다.

'찬성 측은 미국 문화가 인터넷을 통해 널리 퍼지기 때문에 각국의 고유문화가 말살된다고 주장했습니다. 이 주장은 잘못입니다. 설혹 미국 문화가 널리 퍼진다 할지라도 이것이 각국의 고유문화를 말살하는 것은 아닙니다. 미국 문화는 여러 다양한 문화 가운데 하나일 뿐입니다. 다양한 문화들이 서로 경쟁하고, 그 가운데 우수한 문화가 발전하는 것입니다. 세계화는 오히려 여러 고유문화를 선보이고 세계화할 수 있는 좋은 기회입니다.'

셋째, 주장의 부작용이 커서 받아들일 수 없다.
예컨대, 도로를 개설해서 교통난을 해소할 수 있다 하더라도, 도로 개설 비용이 너무 커서 시의 재정이 위태롭다면 도로를 개설하자는 주장을 받아들일 수 없다고 지적하는 것입니다.

반론 연습 – 5문장 쓰기로 연습해 봅시다.

1. 상대 팀은 ~~ 말했습니다.
2. 이 주장은 잘못입니다.
3. 왜냐하면
4. 예컨대,
5. 그러므로 상대 팀 주장은 잘못입니다.

진행 방법

- 논증을 하나 읽어 준다.
- 학생들에게 논증을 요약하여 반론을 만들 수 있도록 시간을 준다.
- 위 반론을 5문장 형식에 맞추어 반론을 구성하게 한다.
- 만든 반론 사례를 발표하도록 하고 평가한다.

TIP 황쌤의 토론 길라잡이

총보다 강했던 오바마 뉴타운 추모연설과 링컨의 게티즈버그 연설

'오랜만에 들어본 최고의 연설이었다.' '결코 꾸며낼 수 없는 진솔함과 슬픔이 배어 있었다.' '한 마디로 멋진 연설이었다.'

버락 오바마 미국 대통령이 코네티컷 주 뉴타운 고교 대강당에서 2012년 12월 16일(현지시간) 열린 총기난사 사건 희생자 추모기도회에서 한 연설에서 찬사가 쏟아지고 있다. "낙심하기 말라…. 보이는 것은 잠깐이지만 보이지 않는 것은 영원하다"는 성경 문구로 연설을 시작한 오바마 대통령은 "어여쁜 어린이 20명과 용감한 어른 6명을 기억하기 위해 이 자리에 모였다"고 총기난사의 비극을 막겠다는 의지를 나타냈다.

특히 오바마 대통령은 '총(gun)'이라는 단어를 한 번도 사용하지 않으면서 총기규제 메시지를 명확하게 전달했다. 에이브러햄 링컨 전 대통령이 게티즈버그 연설에서 '노예제도(slavery)'라는 단어를 쓰지 않으면서 노예제로부터의 해방과 자유를 설파한 것과 마찬가지였다. 올해 5월 베스트셀러에 오른 오바마 전기 '버락 오바마: 스토리'를 출간한 데이비드 마라니스 워싱턴포스트 에디터는 자신의 트위터에서 "링컨 대통령의 게티즈버그 연설에 버금간다"라고 극찬했다.

오바마 대통령은 "인간은 나약하지만 단 한 가지 확실한 것은 아이들에 대한 우리의 사랑이다. 남아있는 우리는 이들의 기억에 부끄럽지 않게 살아야 한다"고 강조했다. 보수 성향의 인터넷 뉴스 사이트 드러지 리포트는 오바마 연설 사진 밑에 '사랑'이라는 단 한 단어를 써서 톱뉴스로 올렸다. 또 희생자의 가족에게 "어떤 위로라도 하겠다. 어떤 슬픔이라도 나누겠다"며 공감의 메시지를 전했다.

전문가들은 이 연설이 "철학적인 깊이, 모든 이들이 공감할 수 있는 보편성, 간단명료한 문구, 아름다운 은유 등 명연설의 모든 조건을 갖추고 있으며 국가 위기 상황에서 지도자가 보여줘야 하는 리더십

을 적절히 표현하고 있다"고 평가했다.

오바마의 뉴타운 연설은 여러 측면에서 1863년 링컨의 게티즈버그 연설과 비슷하다는 평가를 받고 있다. 당시 링컨 대통령은 남북전쟁의 상흔이 휩쓸고 간 게티즈버그 국립묘지 봉헌식에서 단 266개의 단어로 이루어진 짧은 연설로 '민주주의와 평등이라는 미국의 건국이념을 실현하기 위해 갈등을 이겨내고 단결해야 한다는 메시지를 던졌다.

오바마 대통령은 "희생당한 선생님과 어린이들, 현장에 출동한 구조대원들이 보여준 용기와 희생정신이야말로 미국을 지탱하는 힘"이라고 높이 평가한 뒤 "앞으로 수 주 내에 부모와 교육가, 전문가들과 합심해 이런 비극이 더는 일어나지 않도록 조치를 강구하겠다"며 국가적인 단합으로 비극의 고리를 끊겠다고 약속했다. 마지막으로 희생당한 6, 7세의 어린이 20명의 이름을 일일이 부른 뒤 "이 아이들의 기억에 부끄럽지 않은 나라가 되자"며 끝을 맺었다.

CLASS 09
최종 변론에서는 옥석을 가려 발표하자

최종 변론은 디베이트에서 찬성 측과 반대 측의 입장을 마지막으로 정리하고 상대 측과 판정인에게 자기 측의 주장이 더 논리적이고 설득력이 있음을 최종적으로 확인시키는 단계를 말해요. 최종 변론은 디베이트의 갈래에 따라서 최종 발언, 정리 발언, 최종 입장, 요약 등의 용어로도 지정되어 표현됩니다.
논술문의 형식에서는 결론에 해당한답니다.

최종 변론의 구성요소

자기 측의 주장과 근거 정리해서 강조하기

입론에서 최종 변론에 이르기까지 진행되었던 자기 측의 주장과 근거를 간단하게 요약하면서 핵심이 되는 내용을 강조합니다. 디베이트는 여러 단계를 거쳐서 주장의 정당성을 인정받는 과정이기 때문에 토론 과정을 종합하여 판정인에게 자기 측의 주장과 근거 및 사례를 효과적으로 알립니다. 다음과 같은 문장을 이용하여 자기 측의 입장과 근거를 강조하는 최종 변론을 구성할 수 있어요.

"저희 측의 주장을 다시 한 번 말씀드리겠습니다. 저희 측은 입론에서 말씀드렸듯이 ~~하다는 논제에 대해서 ~~한 근거로 ~의 입장을 다시 한 번 강조하고 싶습니다."

반론하기

최종적으로 발표하는 기회이지만 아직까지도 상대 측 주장에 대해서 반론의 여지가 있다면 철저히 반론해야 해요. 앞에서 한 반론을 되풀이하지 말고, 아직까지 반론을 펼치지 못했거나 재반론이 필요한 부분에 대해서 집중적으로 반론합니다.

쟁점을 중심으로 발언 내용 정리하기

디베이트는 단계와 내용이 많고 복잡하기 때문에 판정인이 주장 내용을 온전히 이해하거나 기억하지 못할 수도 있어요. 그래서 최종 변론에서는 전체적인 주장의 흐름을 일목요연하게 정리해서 제시해야 합니다. 이러한 과정은 판정인과 상대 측의 이해를 돕고 디베이트에 참여하는 모든 사람들이 내용을 함께 이해하기 위해 필요해요.

쟁점을 중심으로 요약하되 상대 측보다 자기 측의 주장과 반론이 더 효과적이었음을 드러내야 합니다. 상대 측이 성실히 반론하지 않은 쟁점 부분을 부각시키고 한쪽 방향으로 치우치게 되어 충분히 토론되지 않은 쟁점에 대해서 언급하면 좋아요. 다음과 같은 문장을 활용하여 쟁점을 정리하는 훈련을 하면 좋습니다.

"저희 측이 ~한 근거에 대해서 상대 측은 ~한 입장을 보여 ~~라는 쟁점이 형성되었습니다. 하지만 상대 측이 주장한 ~한 입장에 대해서는 저희 측에서 ~한 내용을 토대로 상대 측의 근거가 적합하지 않음을 지적한 바 있습니다. 또한 저희 측에서 ~한 근거를 들어 ~한 입장을 나타냈음에도 불구하고 상대 측은 여기에 대해서도 명확한 근거를 들어 반박하지 못하였습니다. 따라서 저희 측의 ~한 근거는 상대 측이 수용할 것이라고 판단합니다."

위와 같은 문장을 발표할 때에는 여러 학생들의 참여 기회를 주기 위해서 각 측의 학생들이 부분적으로 나누어서 발표해도 좋아요.

좋은 이미지 남기기

예화나 비유, 인용문을 사용하기

디베이트의 전 과정이 모두 중요하지만 최종 변론 단계에서 예화나 비유, 인용문을 통해 판정인에게 좋은 인상을 남겨서 자기 측의 의견을 효율적으로 설득하게 할 수 있다는 점에서 매우 중요해요. 간단하게 예를 들어서 이야기를 전개하거나 비유를 해서 이해를 쉽게 한다든지, 속담이나 격언, 명언 등을 인용해서 자기들이 주장하고자 하는 내용의 이해를 도울 수 있어요. 왜냐하면 이러한 것들은 판정인들이 딱딱하고 난해하게 여길 수 있는 논리적인 증거 과정에서 문제 상황에 대한 공감을 불러일으켜 판정인을 잘 설득할 수 있기 때문이에요.

판정인의 감성 자극하기

디베이트의 판정 또한 감성과 이성을 통합한 합리적인 과정을 통해서 이루어지기 때문에 위에서 예를 든 예화나 비유, 인용문 등을 이용하여 판정인의 가슴을 울리는 최종 변론을 준비하고 실행하면 좋아요. 그래야 양측의 주장이나 근거, 사례가 비슷할 경우 판정인의 가슴을 울리게 되고 마음을 움직일 수 있기 때문이에요

최종 변론 때 지녀야 할 태도

판정인의 이해를 돕기 위해서 친절하게 설명하듯이 말해야 한다.

찬성 측 최종 변론

말의 내용이 너무 어렵거나 토론자의 말이 빨라서 이해를 잘 못했다면 판정하는 데 어려움을 겪게 되고 결국 좋은 점수를 줄 리가 없어요. 토론자들은 많은 시간을 투자하여 토론을 준비했기 때문에 다른 사람들도 토론의 내용을 쉽게 이해할 수 있으리라 생각하지만 토론 내용에 대한 오랫동안의 연구 없이 심사만 하게 되는 판정인의 입장에서는 토론의 내용을 정확하고 빠르게 이해하는 것이 쉽지 않아요. 최종 변론은 토론자가 자기 측의 주장과 근거를 발언할 수 있는 마지막 기회이기도 하지만 판정인의 입장에서는 토론의 내용을 이해할 수 있는 마지막 기회이기도 해요. 그렇기 때문에 판정인의 입장에서 생각한 후에 판정인이 이해하기 쉽고 정리하기 용이하도록 내용을 재구성해야 합니다.

솔직한 발표로 믿음을 주어야 한다

토론에 처음 참여하는 대부분의 학생들은 다소 엄숙한 분위기와 정해진 시간제한 등의 이유로 긴장하여 토론 과정 내내 자기가 발표해야 할 말만 생각하게 되고 자신의 발표 시간에 준비한 말만 늘어놓는 경우가 많아요. 그러다 보면 딱딱하고 건조한 발언만 계

반대 측 최종변론

속될 수도 있어요. 이렇게 굳어 있는 분위기 속에서 누군가를 설득하는 것은 쉽지 않아요. 이럴 때 솔직한 모습을 보여 주어 공감을 유발할 필요가 있어요. 솔직하게 이번 토론이 어렵다고 말할 수도 있고 상대 측의 우수한 발표 내용을 칭찬해 줄 수도 있으며 자기 측의 부족함을 인정할 수도 있어요. 그렇다고 해서 패배를 인정하는 것이 아니에요. 오히려 여유로운 자신감의 표현으로 비춰질 수 있어요. 토론자가 인격적으로 성숙하고, 솔직한 매력을 가진 사람임을 느낄 수 있게 되면 판정인도 더욱 호의적이 될 거예요.

마지막에 특히 속도와 감정 조절이 필요하다

토론을 할 때에는 주어진 시간은 짧고 해야 할 발표들은 많다는 생각을 하게 됩니다. 압박감과 이겨야 한다는 승부욕 때문에 짧게 배정된 최종 변론 단계에서 꼭 말할 것을 말하지 못하거나 성급히 마무리하여 후회하는 경우를 종종 보게 됩니다. 혹시 입론과 반론 단계에서 매우 급박하게 진행되었다면 최종 변론 단계에서 만큼은 여유를 가지고 발언하는 태도를 가져보세요. 급하게 서두르다 보면 판정인이나 상대 측에게 '앞뒤가 뒤죽박죽으로 나열만 했고 제대로 주장을 피력하지 못했다'는 이미지를 안겨 줄 수 있어요. 최종 발언에서는 주어진 시간을 최대한 활용하여 긴장감과 중압감에서 벗어나 여유롭게 마무리를 하는 것이 좋아요.

준비한 발표 내용을 그대로 읽지 말아야 한다.

토론은 읽기 대회가 아니라 말하고 듣기 대회랍니다. 최종 변론에서는 미리 준비한 내용을 읽어 내려가듯이 발언하는 것이 아니라 앞에서 진행되었던 입론과 반론의 내용을 토대로 남아 있는 반론을 하고 입장을 강조하며 정리해야 합니다. 토론 수업이나 토론 대회에서 어떤 학생들은 내용은 매우 논리적이고 자료도 풍부한데 상대 측이나 판정인을 바라보지 않고 그냥 자료를 읽어 내려가기만 해서 판정인들을 안타깝게 합니다. 이러한 경우는 두 가지 면에서 잘못이 있어요. 하나는 토론은 자신의 의견을 말로써 상대 측을 설득하는 것이지 써 온 것을 읽어가면서 상대 측을 설득하는 것이 아니라는 점이에요. 또 다른 하나는 입론과 반론 과정에서 주고받았던 논점들이 걸러져서 오류가 있는 것들은 수정되고 누구나가 인정하는 논증은 다시 재구조화되어 강조되지 않고 있다는 점입니다. 더욱 눈살을 찌푸리게 하는 것은 토론의 내용이나 흐름과 무관한 내용들을 읽어 내려가는 경우입니다.

최종 변론에서 학생들은 자기 측의 주장과 상대 측의 주장 내용을 정확하게 이해한 다음 그 내용들을 정리하고 발언할 수 있어야 해요. 미리 준비된 최종 변론의 내용은 토론에서는 큰 의미가 없어요.

CLASS

10
판정인을 감동시키는 토론자

디베이트 학습을 통해 상대 측을 설득하는 기술을 향상시켜 갑니다.
찬성 측과 반대 측 입장에서 토론하는 학생들을 판정하는 판정인들은 논제에 대해 양 팀이 자기 측의 입장에서 설명한 것을 기반으로 어느 주장이 더 옳은지를 판정합니다. 그렇기 때문에 토론자들은 그들이 주장하고자 하는 내용들을 효과적으로 전달해야 할 뿐만 아니라, 내용 자체가 논리적이고 합당한 증거도 많아야 해요. 이것을 좀 더 구체적으로 살펴보면 디베이트 수업에서는 스타일, 내용, 전략의 세 가지 조건을 생각해 주장의 완벽성을 살피는 판정이 진행됩니다. 판정인들이 판정하는 기준이나 비율을 굳이 따지자면 태도와 자신감, 표정, 제스처 등의 스타일 40%, 내용 40%, 팀끼리의 의사소통의 긴밀도와 전략 20% 정도가 반영되는 것을 알 수 있어요.

청중을 사로잡는 토론자의 스타일

첫 번째로 태도와 자신감, 표정, 제스처 등과 같은 '스타일'을 살펴볼게요. 스타일은 주장이 어떻게 표현되는 가를 판정하는 것이에요. 그렇기 때문에 주장하는 논리성 보다는 한 번 들었을 때 얼마나 듣는 사람들의 흥미를 끌 수 있는가, 얼마나 멋있고 맛깔스럽게 말할 수 있는 것인가를 살펴봅니다. 이 때 말을 잘하는 학생들이 이곳에서 저절로 그 빛을 발합니다. 스타일 안에는 여러 가지 학습 요소들이 포함되어 있어요. 그 예로는 유머, 손짓, 말하는 속도, 포즈, 목소리 크기, 발성, 발음 등이 포함됩니다. 스타일을 보다 효과적으로 펼치기 위해서는 무엇을 어떻게 해야 할까요?

사람들은 모두가 유머를 좋아합니다. 유머는 매우 주관적인 성향이 강해서 판정인들이 웃기다고 생각하면 점수를 더 주고 안 웃긴다고 생각하면 점수를 깎을 수도 있어요. 어설프게 유머를 시도하다가 오히려 장난스러운 분위기를 만들어서 판정인들로부터 감점을 받은 학생들이 있어서 매우 안타깝습니다. 하지만 유머를 시도해서 점수를 확실하게 획득하는 방법이 있어요. 바로 논제와 관련된 '지적인 농담'을 하도록 노력하는 것입니다. 왜냐하면 지적인 농담은 발표자가 자신의 의견에 대하여 정확하게 이해하고 있고 입체적인 파악과 더불어 일상생활에서 적응력이 있다는 것을 보여줄 수 있는 좋은 장치이며, 디베이트 논제와 관련해서 주장 자체의 이해를 돕고 상대 측에게 이해를 확실하게 도와주는 데도 한 몫을 하기 때문이에요.

손짓 소위 제스처도 토론자의 주장에 힘을 더해주고 상대 측이나 판정인들의 이해를 돕는 유용한 도구이기 때문에 제대로 사용하는 것이 중요해요. 일반적으로 손짓은 포인트를 강조하는 데 사용됩니다. 예를 들어서 상대 측이 사회 약자들의 기회를 빼앗아가려는 것을 몰아붙일 것이라면 상대 측의 테이블을 향해 강하게 항의하는 손짓을 해가면서 큰 목소리로 주장하는 것이 아주 효과적일 것입니다. 그리고 통계를 통해 어떤 추세가 늘어나는 것을 표현하려면, 두 손으로 위로 들어 올리는 듯한 동작을 몇 번 반복하여 주장을 하는 것도 좋아요. 발표를 효과적으로 하는 태도가 익숙해진 학생의 경우는 상황에 따라 무슨 동작을 하는지 미리 정해 두고 주장할 때의 말과 손짓이 자유롭게 조화를 이루어 표현하는 것을 볼 수 있어요. 그렇지만 손짓이 효과를 발휘하기 위해서는 말의 내용과도 맞아야 하지만 다른 사람이 하는 동작을 그대로 모방하지 않고 자기만의 분위기에 어울리는 동작을 창조해 내는 것이 더욱 중요해요. 왜냐하면 다른 사람한테 어울린다고 해서, 그 손짓을 모방한 사람에게도 어울린다는 보장이 없기 때문이에요. 물론 손짓은 의견의 내용과도 잘 맞아야 하는 것은 당연한 사실이에요. 강한 주장은 손짓을 강하게 해야 하고, 약한 주장에는 손짓을 약하게 하는 것이 매우 효과적일 것입니다. 만약 말은 잘 들리지도 않거나 내용이 부실한 데 손짓만 이리저리로 움직인다면 매우 어색할 것입니다. 특히 초등학교 학생들인 경우에 이러한 손짓에 지나치게 신경을 쓰게 되면 오히려 역효과가 날 수도 있기 때문에 발표자의 감정에 자연스럽게 맡기는 것도 좋은 방법입니다.

발음은 상대 측이나 판정인들이 알아들을 정도면 됩니다. 발음으로 인한 효과를 극대화시키기 위해서 주장하는 학생이 강조할 때에는 보다 강한 어조로 하여 주의를 환기시키는 것이 좋아요. 발음 때문에 상대 측이나 판정인들이 감동을 받거나 점수를 높여주지는 않기 때문입니다. 영어로 토론을 할 때에도 마찬가지예요.

말하는 속도와 목소리의 크기에는 어떤 특정한 원칙이나 공식이 없어요. 물론 주장하는 정도에 따라서 속도와 크기가 변해야 된다는 기본은 엄격히 지켜져야 합니다. 중요한 포인트를 말할 때는 목소리의 크기가 조금 더 커지고, 강조하기 위해서 속도는 조금 더 느려지는 것이 일반적입니다. 발표하는 것을 전체로 볼 때 시작 부분에서 약간 더 조용하고 느리게, 그리고 뒤로 갈수록 커지고 빨라져요. 디베이트 수업에서도 뜨거운 쟁점이 점화되어서 타오를 때 에너지와 열정이 증가하는 것은 당연한 이치입니다.

의사소통을 할 때에는 상대방의 눈이나 입 부분을 바라보면서 이야기를 하면 정보의 전달과 설득이 훨씬 쉬워집니다. 왜냐하면 상대 측의 눈을 바라보면서 이야기하는 것은 그 사람의 마음을 향해 이야기를 하는 것과 같은 효과가 있기 때문입니다. 디베이트 학습을 할 때에도 상대 측이나 판정인, 사회자의 눈을 돌아가며 보면서 발표하도록 노력해야 해요. 특히 판정인들이 여러 명일 때에는 시간을 골고루 안배하여 모두를 번갈아가며 쳐다보는 것이 중요해요. 만약 한 명의 판정인만을 집중해서 쳐다본다면, 다른 판정인들은 자신들을 덜 중요하게 생각하는 것으로 오해할 수 있기 때문입니다. 그렇게 되면 당연히 점수에도 안 좋은 영향을 끼칠 수도 있어요.

발표하는 문장의 구조도 스타일의 중요한 요소에요. 똑같은 내용이라도 어떻게 표현하느냐에 따라 전달 효과가 달라져요. 예를 들면, 어떤 정책이 사람을 죽인다고 말하고 싶을 때, 그냥 '죽인다'고 단순하게 말할 수 있고, "부당한 정책 때문에 약이 그대로 방치하게 됨으로써 정부가 시민에게 사형포고를 한다."처럼 강하고 상징적인 표현을 쓰게 되면 어떨까요? 이렇게 하면 상대 측이나 판정인들에 대한 설득의 효과가 두 배로 증가될 것입니다. 토론자는 발표 연습을 거듭하고 자신이 발표하고자 하는 문장을 같은 팀원들과 협의를 꾸준히 하고 수정을 계속해서 가장 설득력이 큰 문장구조를 개발하도록 최선의 노력을 다해야 할 것입니다.

주장을 잘 증명해주는 내용

두 번째로 '내용'을 살펴볼게요. 논제에 대하여 찬성 측이나 반대 측에서 자신들의 의견을 뒷받침하는 논리와 증거로 이루어져 있는 것이 내용이에요. 즉, 주장을 잘 증명해 주는 내용이 좋은 것입니다. 주장을 잘 하기 위해서는 세 가지 요소 즉 주장, 논리, 자료가 잘 배합되어 있어야 해요. 일단 증명을 잘하기 위해서는 증명이 누구나가 이해하기에 어렵지 않아야 합니다. 즉 주장은 판정인은 물론이고 상대 측이 들었을 때에도 쉽게 동의할 수 있는 것이어야 합니다. 그리고 주장의 두 번째로 강조되어야 할 부분으로 '논리'입니다. 즉 자기 측이 발언한 것들의 내용 자체가 논제에 대한 자기 측의 주장에 적용될 수 있는지를 설명하는 부분입니다. 그러기 위해서는 디베이트 논제 전체와 연결선상에 있어야 합니다.

의견을 뒷받침 하는 자료

세 번째로 판정인을 감동시키는 중요한 요소로는 의견을 뒷받침하는 '자료' 입니다. 자료에 대해서는 앞에서 자세하게 설명한 것을 참조하세요.(86쪽 참조)

TIP 황쌤의 토론 길라잡이

공평하고 손쉽게 판정(判定) 하는 요령

판정인의 판정 모습

판정이란 토론의 마지막 단계인 최종변론이 끝난 후 토론의 승패를 결정해 주는 것을 말합니다. 승패를 결정해 주는 판정은 토론의 흥미와 박진감을 더해 줄 뿐 만 아니라 학급의 모든 학생들에게 역할을 주어 토론에 참여할 수 있게 하는 방법이 되기도 합니다.

처음에는 교사가 판정의 시범을 보여주고 판정의 필요성 및 판정하는 방법을 설명해 준 후 찬성 측과 반대 측 토론학생들을 제외한 모든 학생들이 골고루 판정을 경험 할 수 있도록 하는 것이 좋습니다. 단, 교사는 토론의 유형 및 학생의 토론 수준에 맞는 토론 판정표를 준비하는 것을 잊지 말아야 할 것입니다. 판정인들이 정해지면 판정 기준표에 제시된 기준들을 자세히 설명 해 줍니다. 판정보조표의 세로 축(행)에는 찬성 측과 반대 측 학생들의 이름을 각각 적고 가로축(열)에는 발표, 경청 태도, 자료 활용, 질문, 답변의 내용들을 기록합니다. 각 단계마다 개별적인 학생들의 참여 정도에 따라 1점부터 3점까지 기록하여 나름대로 통계를 냅니다.

판정인은 홀수로 구성하는 것이 무승부를 막을 수 있어서 좋습니다. 경우에 따라서는 무승부(Tie)가 되기도 하는데 교육토론인 경우에는 무승부가 되지 않도록 판정인을 홀수로 두고, 판정표의 영역도 홀수로 구성하는 것이 좋습니다.

디베이트 학습에서 사용할 수 있는 여러 가지 판정표가 있을 수 있는 데, 토론의 형태에 따라 알맞은 것을 선택하는 것이 좋습니다. 다음의 판정기준표 예시를 참고해 보세요.

〈디베이트 학습 판정기준표 예시 1〉

평가영역	평 가 항 목	판정 근거		판정(O표)	
		찬성 측	반대 측	찬성 측	반대 측
입 론 (주장 펼치기)	1. 주요 용어에 대한 정의의 보편타당성			승	승
	2. 주장에 대한 타당한 근거나 이유, 정보의 활용 능력			승	승
	3. 주장을 뒷받침하는 추론(논리구성)과 설득력			승	승
반 론 (반론 펴기, 반론 꺾기)	4. 상대 측 용어 정의에 대한 찬성 또는 반대의 표시와 근거 확인			승	승
	5. 상대 측이 제시한 근거와 자료의 출처나 진위의 점검			승	승
	6. 상대 측의 주장과 이유, 근거에 대한 결정적인 반론			승	승
	7. 효과적인 질문			승	승
	8. 질문에 대한 성실하고 적절한 답변			승	승
	9. 주장과 질문, 답변의 일관성			승	승
최 종 변 론 (주장 다지기)	10. 자기 측 주장의 타당성 부각과 근거, 이유의 재구성 능력			승	승
	11. 상대 측 주장의 부당성과 논리적 부조리 부각 능력			승	승
팀 운영 과 예절	12. 팀원 간 협력과 역할 분담			승	승
	13. 발음, 목소리의 크기, 말의 빠르기, 신체적 표현의 적정성과 자신감, 예의바른 언행			승	승
합 계 (승수)					

〈디베이트 학습 판정기준표 예시 2〉

논제			
판정 기준 및 배점			
구분	기 준	찬성 측	반대 측
1	논제에 대한 쟁점을 바르게 찾았는가?		
2	입론의 이유가 타당하고 구체적인가?		
3	입론의 이유에 대한 설명이 객관적이고 충분하였는가?		
4	상대 측의 주장, 증거 및 추론의 문제점을 반박하였는가?		
5	결정적인 타격을 줄 수 있는 문제점들을 찾아서 질문하였는가?		
6	상대 측의 질문에 일관성 있고 적절한 답변을 하였는가?		
7	반론내용을 반영하여 최종변론을 재구성하였는가?		
8	예의바르고 이성적인 태도로 자신의 의견을 바르게 전달하였는가?		
계			
판정 이유			
판정	~~ 논제에 관한 토론 수업에서는 ( )측이 승리했습니다.		

〈디베이트 학습 판정보조표 예시〉

순	이 름	발표력	경청 태도	질 문	답 변	자료 활용	기 타

TIP 황쌤의 토론 길라잡이

친구들과 함께 해 보면 좋은 토론주제 20가지

1. 인터넷 게시판 실명제를 전면적으로 실시해야 한다.
2. 도시에서 생활하는 것이 농촌에서 생활하는 것 보다 더 행복하다.
3. 일본의 문화를 전면적으로 받아들여야 한다.
4. 우리나라의 4대강을 개발해야 한다.
6. 흥선대원군의 쇄국정책은 잘 펼친 것이다.
7. 초등학생들에게 학원수강이나 과외교육은 필요하다.
8. 외모가 차별의 조건이 되는 것은 정당하다.
9. 우리나라에 원자력 발전소를 존치시켜야 한다.
10. 국민복권발행제도는 필요하다.
11. 우리나라는 자발적이고 적극적으로 온실가스 감축의무를 이행해야 한다.
12. 대통령의 공약들은 당선 후에 변경할 수도 있다.
13. 초등학교에서 영어와 수학 과목은 수준별로 공부해야 한다.
14. 주택가에 CCTV를 설치해야 한다.
15. 친구들의 별명을 불러주는 것이 친구관계에 도움이 된다.
16. 유기농업을 확대해야 한다.
17. 대학입시에 국사과목을 꼭 포함시켜야 한다.
18. 선행학습을 단속해야 한다.
19. 남북통일은 가능한 빨리 이루어져야 한다.
20. 우리나라의 어려운 사람들보다 아프리카의 배고픈 아이들을 먼저 도와야 한다.

세상은 고통으로 가득하지만
한편 그것을 이겨내는 일로도 가득 차 있다.
| 헬렌 켈러 |

Chapter 04

교과토론과 그 밖의
토론 배우기

01 / 토론을 이용한 국어 공부
02 / 수학 문제, 토의·토론으로 해결하기
03 / 토론 사례로 체험하는 사회
04 / 과학실험은 토의·토론으로!
05 / 교과 통합 토의·토론의 멋
06 / 신문을 활용한 토론
07 / 영화관람 후의 토론
08 / 책을 읽고 난 후의 독서 토론

CLASS

01 토론을 이용한 국어 공부

듣기 · 말하기 · 읽기 · 쓰기가 통합적으로 활용되는 과목이 바로 국어과이지요.
토론을 할 때 국어 과목에서 나오는 내용들이 기본이 된다는 뜻이에요.
어떻게 하면 국어시간에 토론을 활발하게 할 수 있을지 알아볼까요?

국어 토론 수업은 국어 교과를 바탕으로 생각거리와 토론거리를 만들어 내고 교육현장에서 실천하는 것이에요. 따라서 토론을 위해서는 국어 교과를 바탕으로 한 학습 자료의 구안이 바탕이 되어야 해요.

학습 자료는 국어 교과서의 내용을 사회, 문화, 철학적으로 접근하여 생각거리를 찾아냅니다. 보통 관념적이고 추상적인 용어는 어렵다고 생각하며, 초등학생 수준에서는 다룰 수 없다고 생각합니다. 그러나 우리 교과서를 보면 그런 추상적이며 관념적인 단어가 자주 나타납니다. 예를 들어, 정체성, 민족, 삶, 인간의 존엄성, 가치(관), 이념, 절대적, 상대적, 이론, 자아실현, 낭만, 여성적, 남성적, 현실주의, 낭만주의, 현실성, 관념, 개념, 민주주의, 사회, 집단, 개인, 자유, 평등, 이상, 권리, 의무 등등이 그것이에요.

이런 추상화 수준이 높은 단어를 학생들이 그 의미를 제대로 파악하고 있을까요? 이들 단어들은 추상화 수준이 높은 만큼 많은 내용과 상황을 담고 있어 학생들에게 의미 있는 이야깃거리로 다양하고 새로운 생각의 방향과 방법을 제시할 수 있어요.

국어 토론 수업은 국어 교과서의 내용을 하나의 결과물 혹은 구체적 상황으로 보고 그것의 속에 깔려있는 더 큰 바탕, 원인을 찾아 그것에 대해 생각해 보고자 하는 것이지요.

토론 주제는 학습 자료의 주제와 서로 통하나, 좀 더 구체적이고 찬반의 논쟁 가능성이 있는 것으로 정하면 좋아요. 관념적이고 근원적인 개념을 바탕으로 현실생활에서 그와 관련된 문제에 대해서 논쟁하는 과정에서 학생들은 개념을 구체적으로 조작하여 사용하는 방법을 익히며, 자신의 입장에 따라 관련 토론 자료를 수집하고 정리하며 상대팀과 논박하는 과정에서 토론주제와 관련 개념, 가치의 내면화와 인격화를 이루며, 생각 수준을 높여주지요.

토론 주제 선정하기

◎ **국어 교과서에 담긴 문화와 가치 찾기**

토론 주제의 선정은 국어 교과서에서 시작됩니다. 각 교과서 내용에 담겨져 있는 문화와 가치를 먼저 파악합니다. 이 때 교육과정에서 제시된 학습 목표와 무관하게 새로운 각도로 접근하는 것이 중요해요. 이런 새로운 의미부여와 재해석은 하나의 지문을 다각도로 해석할 수 있음을 학생들이 생각하고 창의적으로 접근할 수 있게 합니다.

학교 현장에서 이러한 새로운 해석과 접근 때문에 국어 교과답지 않은 토론 주제라는 비판을 많이 받았어요. 하지만 생각은 한계와 범위가 없으며 따라서 토론 주제를 국어 교육과정의 실현으로 범주를 제한하는 것은 학생의 사고력 신장에 좋지 않아요.

국어 교과서에서 주제 찾기의 첫 번째는 교과서 글에 담긴 문화와 가치의 전제를 파악하는 것이에요. 교과서 글에서 찾은 전제를 좀 더 적극적이고 의도적으로 사용해요. 즉, 익숙한 교과서의 글을 다른 방식으로 접근하고 문제를 찾아내는 과정을 시범보임으로써 인지 전략의 습득과 더불어 일상의 평범함 속에도 문제가 숨어 있음을 은연중 깨닫게 됩니다.

◎ **토론을 통해 생각의 갈등 상황 만들기**

학생의 정신기능 발달이 고등정신 기능을 내면화시키는데, 다른 사람들과 상호작용을 통해서 고등인지 능력을 기르기 위해 '토론'과 같은 학습 방법이 적절합니다. 토론 주제는 현실에서 찾되, 서로 찬반으로 대립할 수 있는 주제로 설정합니다. 국어과에서 토론 주제가 되기 위한 요건은 아래와 같아요.

- 하나의 문제에 관련된 의견이나 제안에 대하여 찬반의 입장이 분명한 주제이어야 한다.
- 생각의 갈등을 유발하는 주제이어야 한다.
- 사회의 가치가 복합적으로 얽혀있는 공공정책의 문제로 하는 것이 좋다.
- 문제 상황에서 여러 가지 가치가 병존해 있음을 알게 하고, 여러 가치 중에서 가장 중요한 가치를 선택할 수 있는 주제이어야 한다.
- 사회의 고정관념을 깰 수 있는 주제이어야 한다.

주제 선정 시 찬 반 어느 한쪽으로 치우치지 않는 주제여야 하며, 학생들의 흥미를 유발하나 이미 익숙하게 알고 있어 준비가 필요치 않는 것은 적절치 않아요. 따라서 사회 구성원들끼리 이미 사회적 합의가 어느 정도 이루어진 것은 적절치 않습니다. 마지막으로 찬반 어느 쪽에도 정당성과 타당성이 확보되는 주제여야 해요.

CLASS

02
수학 문제, 토의·토론으로 해결하기

H 특수 목적 고등학교의 면접문제가 '수학의 아름다움에 대하여 설명하시오'라고 해요. 설명하고 나면 선생님들이 말한 내용에 대해서 심층적으로 물어 본다고 해요.
수학 문제들을 이야기식으로 해결하는 소위 스토리텔링 풀이법도 바로 토의·토론과 깊은 관련을 맺고 있답니다.

    수학과 교육과정에서는 수학적 사고력을 신장시키는 데 주력하고 있어요. 각자의 개인적인 경험에 의한 귀납적 사고력과 기존에 알고 있던 공식이나 사실들에 의해서 생각해 보는 연역적 사고력에 의한 추론 능력을 키워주기 위한 내용들이 수학과 교육과정에 들어 있어요. 또한 다양한 방법으로 문제해결 능력을 발달시키는 노력도 기울여야 한다고 강조하고 있어요. 수학과에서 다소 생소하게 생각될지 모르지만 의사소통 능력 신장에도 주력하고 있어요. 그리고 컴퓨터나 실물화상기와 같은 공학적 도구를 활용한 수업을 허용하고 있다는 것이 개정된 수학과 교육과정의 내용이에요.

    위에서 열거한 것들 중에서 수학적으로 사고하고 의사소통하는 능력을 길러서 생활 주변에서 일어나는 문제를 합리적으로 해결하는 능력을 키워주는 점에 주목

할 필요가 있어요. 초등학교부터 고등학교까지 수학과 영역은 수와 연산, 도형, 측정, 확률과 통계, 규칙성과 문제해결로 구성되어 있어요. 수와 연산 영역에서는 주어진 문제들에 대하여 다양한 방법으로 해결할 것을 요구하고 있어요. 모둠별로 협의하여 여러 가지 방법을 이용해서 문제를 해결하면 되지요. 제시된 문제가 바로 토의 주제가 될 것입니다. 규칙성과 문제해결 영역에서는 제시된 문제의 규칙을 찾아내는 과정에서 모둠원들끼리 긴밀하게 협의할 필요가 있으며 문제를 단순화하거나 논리적인 추론 등으로 문제를 해결하게 됩니다.

또한 교사의 설명을 듣고 모둠별로 모여서 친구들끼리 개념과 원리 및 문제풀이 방법을 정리한 후 각자가 해당 문제들을 풀고 나서 점수는 각자 향상된 만큼 받게 되는 수업형태인 STAD 협동학습과정에서 토의하는 방법이 더욱 크게 적용돼요. 이 때에 단계별 목소리 크기 훈련이나 모둠마다 사회자를 정해서 서로 협조하면서 창의적으로 문제를 해결하는 요령들을 적용하면 매우 도움이 됩니다.

2009년 개정 수학과 학습 내용의 뼈대는 RME와 스토리텔링식 공부법

◎ 의미

수학과 현실적용 학습(RME) 수학을 일상생활의 문제들과 연결해서 많은 공부를 의미하고 있는 것이고 이러한 수학교육방법을 영어로 RME(Realistic Mathematics Education)라고 해요.

◎ 유래

네덜란드의 수학자들이 학생들에게 수학적인 경험을 통해 수학을 좀 더 깊게 이해하고 자기 주위의 세계를 이해하는 데 수학적 수단을 사용할 줄 알게 하기 위해 현실적 수학교육이라는 것을 만들었어요. 처음부터 수학은 현실 세계에의 응용이 아니라 현실 세계에서 출발하여 수학화 과정을 거치고 난 후 다시 현실 세계로 돌아 올 수 있도록 구체적인 내용을 제공하는 것이 중요하다고 생각해요.

프로이덴탈의 5가지 현실적 수학교육에 대한 주장

첫째, 현실 상황을 직관적으로 탐구해서 문제에 들어있는 수학적 의미와 규칙성 등을 발견해내도록 하고 이 때 탐구를 통해 얻은 직관은 수학적 개념을 재발명하는 기초가 돼요. 또한 현실상황으로부터 파악된 직관적 관념에서 형식화, 추상화 등을 통해 수학적 개념을 추출해 내는 것입니다. 그런 다음 수학적 개념을 더 구체적으로 형식화하여 표현하고 정의해요.

둘째, 진정한 현실과의 연결 속에서 학생 스스로 자신의 경험을 바탕으로 수학적 개념을 비형식적으로 발견해 낼 수 있도록 합니다. 또한 이러한 비형식적 수준에서 추상화된 수준으로 옮겨진 수학을 다시 현실 상황에 맞게 적용할 수 있도록 도와줘요.

셋째, 자신이 생각하고 만들어낸 것들은 공부과정에서 중요한 역할을 하게 됩니다. 다양한 범위의 문제들이 좁은 수준의 문제를 해결하는데 사용되어질 수 있어요. 자신의 창작활동을 통해서 현실과 관련된 문제가 다양한 수준에 맞는 해결책을 허용하는 열린 문제 또는 스스로 보충할 것을 요구하는 불완전한 문제를 다루는 것도 필요해요.

　넷째, 현실적 수학교육의 수업은 학생 개개인의 구성 활동뿐만 아니라 상호작용 수업이 실현될 때 효과적일 수 있어요. 즉, 학생들이 다양한 현실적 문제 상황을 해결하는 과정 속에서 서로 상의하여 참여, 타협, 협동해서 주어진 문제를 재검토할 때가 많아요. 학생들이 개발한 비형식적인 전략들과 절차들을 표현할 수 있는 기회를 잘라버리기 보다는 그것들이 허용되고 촉진되어 이용되도록 하는 것이 중요하기 때문이에요.

　다섯째, 현실적 수학공부 방법은 한 가지 구조나 한 가지 개념만을 포함할 만큼 단순한 현상은 현실세계에서 드물다고 이야기하고 있어요. 다양한 학습 내용을 포함하고 있는 일반적인 예로써 활용할 수 있는 문제 상황을 찾아내려고 노력하는 것이에요. 그래서 현실적 수학공부 방법은 수학의 여러 영역과 단원 및 그들 사이의 연결이 필수적인 것이라고 보아요. 쉽게 생각해 보면 한 가지 학습 내용은 그 자체로서도 의미가 있지만 여러 학습 요소들과 연결되어 있기도 하다는 말이에요.

스토리텔링 스팀형 수학이 중요하다.

　2013년부터 우리 나라의 수학 교육은 매우 큰 변화를 맞이했어요. 수학 교과서가 '스토리텔링 스팀형 수학'으로 바뀐 것이에요. 이미 미국을 비롯한 전 세계가 기계적 연산이 아닌 스토리텔링이 가미된 스팀형 수학 교육을 시행하고 있지요.
　스팀형 교육은 과학과 기술, 공학, 예술 뿐만 아니라 여러 학문의 경계를 넘나들면서 특정한 주제나 과제를 중심으로 통합형 교육을 하는 것을 말해요.

  토론 학습은 상대 방에게 나의 주장을 알릴 때 재미있는 이야기 형식으로 전달하는 것인데, 바로 스토리텔링의 형식과도 통하지요. 자신의 생각을 친구들과 함께 토론하는 과정에서 수학적 커뮤니케이션의 능력은 한층 더 향상될 수 있답니다.

CLASS 03
토론 사례로 체험하는 사회

사회과의 영역은 정치·경제, 역사·지리로 나누어 볼 수 있어요.
사회의 이슈는 정치·경제적인 내용들이 많고 과거의 역사적인 사실들을 가지고 토론을 즐길 수 있지요. 가치 논제나 정책 논제, 사실 논제들을 가지고 다른 교과목과 통합해서 토론을 해 봐요.

역사 속에서 전개되었던 논쟁을 토론 주제로 끌어낸 사례

◎ **토론 주제** : 조선 건국을 둘러싼 신진사대부의 논쟁

◎ **시간 계획**

단원	대단원	Ⅲ. 통치 구조와 정치 활동	
	소단원	근세 사회의 성립	
단계	학습내용		학습방법
1차 시	신진사대부의 성정, 고려의 멸망, 조선의 건국		사료학습, 강의식
2차 시	조선 건국을 둘러싼 신진사대부의 논쟁		토론학습

◎ 주제 발표자

모　둠	선정된 학생
온건개혁파(고려를 유지한 상태에서 개혁해야 한다는 세력)	s1. 정몽주의 입장 대변 s2. 이색의 입장 대변 s3. 온건개혁파 옹호자
급진개혁파(고려를 멸망시키고 조선을 건국하자는 세력)	s1. 이성계의 입장 대변 s2. 정도전의 입장 대변 s3. 급진개혁파 옹호자
국왕	고려 공양왕의 입장 대변
대안 제시자	제3의 대안 제시자

◎ 토론 전개

　토론학습을 하기에 앞서 미리 여러 가지 사료를 이용하여 당시의 시대 상황을 이해하는 수업을 진행한 후에 실제 토론학습을 시행하는 것이 좋아요.

　- 입장제시 : 각 모둠이 나름대로의 입장을 제시하는 시간

　T : 이성계, 정도전의 조선 건국의 명분은?

　S : 급진개혁파의 입장을 대변하여 발표

　T : 급진개혁파가 주장한 명분은 타당한가?

　S : 온건개혁파의 입장에서 급진개혁파 주장에 대한 반론 제기

　S : 온건개혁파의 반론에 대한 급진개혁파의 재반론

　T : 온건개혁파의 입장은 무엇인가?

　S : 온건개혁파의 입장을 대변하여 발표

　T : 온건개혁파가 주장한 명분은 타당한가?

S : 급진개혁파의 입장에서 급진개혁파 주장에 대한 반론 제기

S : 급진개혁파의 반론에 대한 온건개혁파의 재반론

- 국면전환 : 당시의 정치상황을 간략히 설명하게 하여, 당시 정치상황에 대한 인식을 발표하게 합니다.

T : 당시 우리나라의 정치, 경제 상황은 어떻다고 생각하는가?

S : 온건개혁파의 입장에서 정치, 경제 상황을 설명한다.

S : 급진개혁파의 입장에서 정치, 경제 상황을 설명한다.

논쟁 : 나름대로 설명하며 공박한다.

이러한 과정에서 서로의 주장을 수용할 수 있는지 없는지 충분히 생각하고 새로운 대안을 모색하는 단계로 넘어갑니다.

- 대안모색

T : 온건개혁파의 주장을 급진개혁파는 수용할 수 없었는가?

S : 급진개혁파 이유 설명

T : 급진개혁파의 주장을 온건개혁파는 수용할 수 없었는가?

S : 온건개혁파 이유 설명

- 제3의 대안 : 당시 국왕이나 제3자의 주장을 들어보고, 새로운 대안까지 생각해보도록 한다.

T : 제3의 대안은?(국왕의 입장)

S : 학생들은 의사결정을 하도록 한다.

T : 공양왕의 의사결정은 어떠했습니까?

시각자료(회화·실물자료·사진자료)를 이용한 토론 주제

◎ **토론 주제** : 고구려의 사회와 생활은 어떠했는가? (고구려의 고분벽화를 보고)

굴식 돌방무덤 내부 모습　　　　　　　모줄임 양식

대행렬도 – 계층, 직업별로 의복을 확인할 수 있다.　　무덤주인과 시종　　고구려의 부엌 모습

무용도　　수렵도

수박희　　현무도　　청룡도

백호도　　주작도

◎ 시간 계획

단원	대단원	Ⅵ. 민족문화의 발달	
	소단원	고대인의 자취와 멋	
단계	학습내용		학습방법
1차시	고분과 고분벽화		토론학습

◎ 토론 전개

- 논점 끌어내기(문제제기 하기 – 사진을 보고)

T : 고구려 고분은 누구를 위한 것이었을까요?

S : 왕이나 귀족을 위한 것

T : (고분 벽화와 무덤 내부의 측면도를 보여주며) 특이한 점이 있나요?

S : 시신은 어디에 묻혀요? 그림은 왜 그렸어요?

T : 그림은 왜 그렸을까요? 어떤 그림이 그려졌나요?

S : 죽은 사람을 위해서요. 당시 생활모습도 있고 사신도도 있어요.

T : 생활모습이 그려진 시기와 사신도가 그려진 시기가 달라요.
　　무슨 이유 때문일까요? 자, 그 이유에 대해 모둠별로 토론해봅시다.

- 모둠별 의견 제시

각 모둠별로 토론하여 모둠의 의견을 발표합니다.

주제 1. 벽화가 그려지게 된 계기

주제 2. 무덤 안, 방의 용도

주제 3. 벽화가 시기별로 주제가 다른 이유

주제 4. 다른 나라의 무덤 종류 조사

- 전체 토론

각 모둠에서 논의 된 내용을 바탕으로 토론을 전개합니다.

대립된 '사회 분위기의 변화', '정치적 요구' 라는 2가지 의견으로 나누어 교사가 중심이 되어 각자가 이유를 노트에 기록하게 하고 발표하여 토론을 전개합니다.

- 전문가 방문 토론 : 토론의 결과를 모아 박물관을 방문하여 전공자와 토론할 수도 있어요.

◎ 토론 정리

고구려 사회와 고구려인들의 생활 모습은 고분벽화를 보고 유추해 볼 수 있다. 토론을 통해 알게 된 점들을 기록해 본다.

사회과 역사 관련 토론 주제의 예

- 빗살무늬토기는 밑이 왜 뾰족한가?
- 고려시대인의 사회와 삶에 대한 이해(불화자료를 보고)
- 조선시대 회화자료를 통한 조선사회의 삶과 생활의 이해
  (김홍도, 신윤복의 그림을 통한 조선시대 사람들의 생활)
- 각종 유물 사진을 통한 당시인의 삶에 대한 이해

초등학교 사회과 토론 관련 단원 추출 및 토론 주제

단 원 명	토 론 주 제	예상 쟁점	관련용어
더위와 추위를 대비한 한복	명절에는 한복을 입어야 한다.	전통/경제부담 아름다움/불편함	명절 불편
우리 조상들이 즐긴 음식	보신탕 판매는 허용되어야 한다.	음식/혐오	음식 혐오
여러 가지 모양의 집	서울에 아파트를 계속 지어야 한다.	주택난 해결/ 인구 분산	주택난 인구분산
도시는 어떤 곳일까?	대한민국의 수도 이전은 필요하다.	인구 분산/ 비경제적	인구 분산 비경제
우리는 자연의 일부	국토를 효과적으로 이용하기 위해서 댐 건설이 우선되어야 한다.	물 부족/ 환경 파괴	물 부족 환경 파괴
환경 문제의 합리적 해결	효과적인 쓰레기 분리를 위해서 종량제 실시를 강화해야 한다.	환경 보호/ 경제 부담	환경 보호 자원 활용
자유와 경쟁	학교 주변의 상점을 허가해야 한다.	자유경쟁/ 건전한 환경	자유경쟁 건전 환경
우리 경제의 발자취	외국인 노동자에게 취업허가를 해야 한다.	노동력 부족/ 실업자 구제	노동력 실업 구제
세계 속의 우리 기업	외국에 공장을 짓는 것을 권장해야 한다.	경제성/ 국내 실업자	경제성 실업자
세계 속의 우리 경제	나라를 위하여 정보를 훔치는 것은 애국이다.	산업 스파이/ 위법	스파이 위법
달라져 가는 생활 모습	사이버 공간에서 실명제로 사용해야 한다.	사이버 공해/ 솔직성	솔직성 실명제
우리가 만드는 미래의 산업	사이버 세상이 오더라도 학교에 다녀야 한다.	사회적 동물/ 다양한 관계	사회적 관계
우리가 만드는 미래의 산업	인간 복제 기술을 발전시켜야 한다.	존엄성/장수	존엄성 장수
우리 겨레의 종교	점을 보는 것을 허용해야 한다.	미신/종교자유	미신 종교자유

CLASS

04
과학실험은 토의·토론으로.

과학과의 실험과 실습 과정에서는 수시로 모둠원끼리 토의가 이루어져요.
아마 다른 교과보다 과학과목에서 토의가 가장 활발하게 이루어지고 있다고 해도
지나친 말이 아닐 거예요.

    몇 년 전 E여대 교생 9명이 참관하는 가운데 과학과 수업을 공개한 적이 있었어요. '태양의 고도와 기온 변화와의 관계'가 그 차시의 학습주제였어요. 6학년 34명의 학생들을 8개의 모둠으로 나누어서 주제에 대한 가설설정(예상)-실험설계-실험-실험결과-알게 된 점의 순서로 과학수업을 전개했어요. 물론 학습주체인 학생들을 중심으로 수업이 이루어졌어요. 그때 참관했던 교생들은 다음과 같이 참관소감문을 작성해 주었어요.

    "34명의 학생들 중에 한 학생도 낙오자나 무임 승차자 없이 모두가 열심히 참여하여 수업목표에 도달한 것이 놀라웠다."

    "4명 단위로 구성된 모둠원끼리 어쩌면 그렇게 유기적으로 실험을 하고 실험결

과에 대하여 토의를 잘하는 지 이제까지 협동학습의 폐해에 대한 선입관을 말끔히 씻어준 수업이었다."

"각 모둠에서 사회를 보는 학생이나 다른 모둠 구성원학생들의 역할 분담과 협조 태도가 수준급이었고 어떻게 하면 저렇게 토의가 잘 이루어지는 지 수업하신 선생님께 그 비법을 여쭈어 보아야 하겠다."

"초등학교 6학년 학생들이 실험을 하거나 모둠별로 토의를 할 때에는 소란한 경우가 대부분인데 오늘 본 과학과 수업에서 실험이나 토의를 할 때 목소리 크기를 적절하게 조절하여 전체적으로 차분하고 조용한 가운데 진행이 되어서 매우 놀라웠다."

　도구를 활용하는 교육 프로그램인 몬테쏘리 교육에서 가장 우선적으로 학습하는 것이 '학습도구를 다루는 태도' 라고 해요. 학습도구를 다루거나 다룬 다음 정리 정돈하는 습관이 올바로 형성되었을 때 비로소 학습도구를 자유롭게 사용하게 한다고 해요. 몬테쏘리 교육 형태에서 강조하고 있는 것과 마찬가지로 모둠별 토의수업을 할 때에도 모둠원에게 고유번호를 지정해 주고 해당 일자에 적절한 번호의 학생이 사회를 보고, 사회자가 토의를 진행하는 훈련이 철저하게 이루어져야 해요. 뿐만 아니라 목소리크기를 1단계부터 4단계까지 약속해서 4~5명만이 들릴 수 있는 목소리로 모둠별 토의를 하게 합니다. 처음에 학생들끼리 충분히 이성적 납득이 되고 여러 차례 훈련을 해야 성숙된 토의학습이 정착됩니다.
　모둠원에 대한 고유번호 정하기와 목소리의 크기 훈련 및 의견과 의견을 뒷받침하는 자료 제시 방법을 자유롭게 적용할 수 있도록 습관이 되고 난 후에 누구나가 인정하는 모둠별 실험이나 토의 활동이 이루어 질 수 있다고 생각해요. 과학과 수업 또한 학습 주제에 따라 적절한 토의나 토론 학습 모델을 적용하면 됩니다.

과학 토론 수업의 절차

- 실험주제 제시 및 가설(예상) 설정합니다.

에탄올의 끓는점 측정 실험의 경우, 실험 결과가 조별로 다르게 나오는 경우가 많아요. 왜 조별로 끓는점이 다르게 나왔는지 조별로 그 이유를 생각해 보도록 합니다(brain storming). 그 중에서 가장 합당하다고 생각하는 것을 한 가지 정합니다.

- 조별로 정한 이유를 증명하기 위한 실험 계획을 세웁니다.

예를 들어, 그 이유가 에탄올의 양 때문이라고 생각한 조가 있다면 한 번은 적은 양으로 실험, 다른 한 번은 많은 양으로 실험해야 하므로 같은 조가 두 번 실험하기는 시간상으로 어려우니 두 조가 한 팀이 되어 실험 실시하고 결과를 공유하고 결론을 내기 위해 두 조를 짝을 지웁니다.

- 실험을 수행합니다.

- 실험 후 두 조 사이에 실험보고서의 결과 값만을 교환하여 보고서를 작성합니다.

- 작성된 보고서를 같은 실험을 한 조에게 주고 그 조 실험보고서는 자기 조로 가져와서 잘못된 점을 조원들끼리 의논하여 찾아냅니다(많이 찾아내면 더 좋은 점수를 준다).

- 무엇이 틀렸는지도 자세히 보고서에 적습니다.

- 서로 고쳐준 실험보고서를 돌려받은 후 체크해준 것을 해명할 수 있는 기회를 줍니다.

토론식 수업을 통한 창의적 사고의 발현

과학토론식 수업을 통하여 창의적 사고의 3가지 즉, 발산적 사고, 수렴적 사고, 연관적 사고를 이끌어 내는 것이 중요해요.
- 발산적 사고: 유창성, 융통성, 비관습적 사고
- 수렴적 사고: 정합성, 통합성, 단순성
- 연관적 사고: 비유, 귀추(abduction)

그 외 정교성, 독창성, 가치 등이 있습니다.

이러한 사고의 발상을 이룰 수 있는 과학토론 수업은 다양해요. 실제 과학수업시간에 발산적 사고(유창성, 융통성)를 형성할 수 있는 토론의 예를 살펴볼게요.

수업시간에 와인 컵을 꺼내어 와인 컵을 와인을 마시는 용도 이외의 용도를 생각해 보라고 학생들에게 이야기합니다. 이러한 주제를 가지고 토론을 거친 학생들의 답은 다음과 같이 여러 가지로 나올 수 있어요.

- 주스를 담아 먹을 용도, 장식용, 물을 넣어 손가락으로 문질러 소리내는 악기
- 총을 쏘는데 과녁으로 사용, 스트레스 해소용 어항, 동전 수집통 등

과학 토론에서 발산적 사고하기

그림과 같이 물이 든 둥근 컵에 막대기가 담겨져 있습니다. 조별로 가능한 한 많은 관찰을 하여 관찰사실을 기록하도록 합니다. 관찰결과는 글로 써도 좋고 그림으로 표현해도 좋습니다. 이 때, 가능하면 자세하고 구체적으로 관찰사실을 기록합니다. 특히 다른 조에서 관찰하지 못한 것을 관찰하면 더욱 좋습니다.

  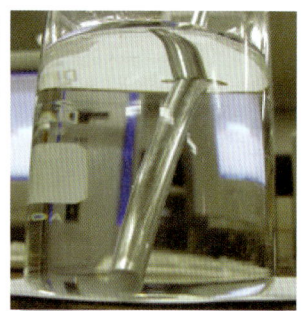

- 관찰사실마다 번호를 매기면서 차례대로 쓰시오.

위 관찰 사실들로부터 설명하기 힘든 이상한 관찰이 있다면 무엇인가요? 번호를 쓰고, 왜 이상한지 그 이유를 가능하면 구체적으로 토론해 보세요. 남들이 설명하기 힘든, 그러면서 충분히 왜 그런지 이상하다고 생각될 수 있는 관찰일수록 좋습니다.

즉, 과학 토론수업에서 더욱 많고 다양한 아이디어를 얻는 것이 중요해요. 결과뿐만 아니라 과정에서도 많은 다양한 시도를 통해서 전문 과학 지식을 활용하도록 하는 것이 과학 토론에서 얻을 수 있는 장점이에요.

과학 토론의 논제를 다각도로 분석하기 위한 관찰법

◎ 뉴턴식 관찰법

구체적인 현상이나 사실들에 관심을 가지고 바라보는 행위로서의 관찰방법이에요. 그 예로서 사과가 떨어지는 자연 현상에서 만유인력의 법칙을 발견해 내는 것이 있어요.

◎ 토플러식 관찰법

미래 학자 앨빈 토플러의 이름을 사용한 관찰법이에요. 사회 현상이나 삶의 방법, 태도 등에 대한 추상적인 음미, 반복적인 사고 등을 통한 관찰, 논술에 더 적합한 관찰법이에요. 그 예로서 흘러간 역사의 자취를 통찰하고 인류의 미래를 예견하는 것이 있어요.

CLASS

05
교과 통합 토의·토론의 멋

교과 통합 토의·토론은 교과 사이의 칸막이를 헐고 다른 교과들 간에 서로 소통하게 하는 것이에요. 학생 입장에서는 일단 학교에서 교과별로 공부하기는 하지만, 교과통합형 토론을 통해 개별 교과에 매여 있는 것이 아니라 교과의 벽을 넘나들게 되지요. 그래서 한 교과에서 배운 것을 다른 교과에 적용하면서 통합적으로 공부할 수 있게 된답니다.

교과 통합적인 시도는 이미 수능 시험이 시행되면서 '언어 영역', '수리 영역', '과학 탐구', '사회 탐구'라는 형태로 시작되었어요. 암기 위주의 학습 형태에서 벗어나기 위해 1990년대 후반에 대학 입시에서 본격적으로 논술 시험을 실시했지요. 초기에는 주로 언어 논술을 실시하였는데 2000년 초반에는 논술뿐만 아니라 심층 면접이라는 형태의 구술시험이 본격화되다가 2005년부터 지원자와 평가자가 보다 개방적인 형태로 만나게 되는 통합 교과형 논술 형태가 등장하게 되었어요. 특히 2008학년도부터 내신과 수능이 등급제로 변하면서 대학들은 학생들의 변별력을 검증할 새로운 대체 수단이 필요해지게 되고 이에 따라 논술 특히 통합 교과적 논술의 필요성이 급증하게 되었답니다.

논술과 토의·토론은 밀접한 관련이 있어요. 논술의 첫 단계가 바로 논리적 사고를 갖추어야 하는 것인데 토의·토론 역시 마찬가지이지요. 논술은 사물이나 사회 현상에 대한 자신의 입장이나 주장을 밝힘으로써 올바른 가치관을 정립하는데 초점을 두고 있으므로 일상 속에서 특정한 주제를 정해 짧게 이야기를 나누면 이것이 바로 토의·토론이며, 토의·토론을 통해 논술을 쓸 수 있는 바탕을 마련하게 되는 것이지요. 평소에 자신의 의사 표현을 가급적이면 문장 형태로 하고 이유나 근거를 제시하며 조리 있게 말하는 연습을 하고, 2명 이상이 함께 모여 학습할 수 있는 여건을 만들어 정기적으로 토의·토론을 하면 주어진 주제에 대한 판단을 중심으로 경험과 배경지식을 동원하여 다른 사람을 설득할 수 있어요. 그리고 이것을 논리적 사고력과 창의적 표현력을 중심으로 글을 써 나가면 논술이 되는 것이지요. 따라서 토의·토론은 논술의 선행 학습이며 바탕 학습인 동시에 심화학습이라고 할 수 있지요.

예를 들면, 국어 시간에 '기억 속의 들꽃'이라는 소설을 배운다면 이 소설의 시간적 배경이 1950년 한국전쟁이므로 이 시기의 사회 상황을 국사 교과를 통해 알아보게 되지요. 그리고 극한 상황에서의 인간의 심성에 대한 것은 도덕 교과 시간을 통해 더 자세히 알아볼 수 있어요. 즉, 국어 시간에 배운 것을 국사나 도덕 등 다른 교과목으로 확장하여 활용하고 적용해서 스스로 이해해 보려고 할 때, 교과 통합 학습이 이루어지는 것이에요. 따라서 통합은 교사가 하는 것이 아니라 학생 스스로 해야 하며, 교육은 그런 통합 능력을 길러주어야 한다는 것이지요. 이런 맥락에서 보면 통합교과적 접근은 스스로 공부할 수 있는 능력, 즉 자기 주도적 학습 능력의 배양을 목표로 한다는 것을 알 수 있어요.

또, '진화'와 '유전자 결정'이라는 관점을 생물학의 영역을 넘어 사회나 도덕에 적용해 보면 사회와 역사에 대한 새로운 이해가 생기는 것이 하나의 예이지요. 이렇게 한 영역에서 배운 내용을 그 영역 안에 두지 않고 필요할 경우 영역의 벽을 넘어 다른 영역에 응용해보는 것, 이것을 '영역 전이성'이라는 말로 표현해 볼 수 있어요. 영역 전이성은 통합 교과의 핵심 원리를 잘 보여주고 있지요. 그러므로 토의·토론에 임할 때는 한 교과에만 한정하여 논리적 증명을 할 것이 아니라 다른 교과에 활용하고 응용함으로써 폭넓은 사고를 가능하게 한답니다.

다시 말하면 교과통합형 토의·토론은 여러 교과 속에서 공통된 주제를 찾아 이를 중심으로 토론을 하는 것이에요. 한 가지 주제가 각 교과목 속에 어떻게 녹아 있는지를 먼저 찾아보고, 이와 관련한 자료를 수집하여 토의·토론 형식에 맞추어 토의·토론에 임하는 것을 교과통합형 토의·토론이라고 해요.

다음은 초등 5학년과 6학년 1·2학기 주요 과목의 단원으로 통합한 논제의 예를 정리한 것이에요.

공부가 새로워지는 토론학습 1교시
Debate First Class

♣ 5학년 1학기 도덕, 국어, 사회, 과학과 통합논제의 예

교과	학년- 학기	단원	논제 종류	쪽수	학습 내용
■ 토론 주제 : 초등학생이 컴퓨터 게임 하는 것을 허용해야 한다.					
도덕	5학년	4. 밝고 건전한 인터넷 세상	정책	74~79	인터넷 게임 중독의 위험성을 알고 올바른 인터넷 생활 알아보기
국 듣 말	★ 5-1	3. 생각과 판단		48~49	토론하는 태도와 지켜야 할 점
과학	5-1	2. 전기회로		65~81	전기가 통하는 물체와 연결방법

교과	학년- 학기	단원	논제 종류	쪽수	학습 내용
■ 토론 주제 : 선의의 거짓말을 해도 된다.					
도덕	5학년	2. 감정, 내 안에 있는 친구	가치	26~45	자신의 감정을 잘 조절하고 바르게 표현하기
국 듣 말	★ 5-1	3. 생각과 판단		50~63	토론의 절차와 방법
사회	5-1	1-4. 삼국통일과 발해		42~46	김춘추의 외교 이해하기

★ 표시는 토론 주제의 중심이 되는 교과를 말해요.

교과	학년-학기	단원	논제 종류	쪽수	학습 내용
■ 토론 주제 : 만화는 우리 사회에 유익하다.					
도덕	5학년	3. 갈등을 대화로 풀어 가는 삶	가치	46~65	대화를 통해 갈등을 해결하는 방안
국 듣 말	★ 5-1	6. 깊이 있는 생각		108~109	주장의 근거를 뒷받침하는 자료 마련하는 방법
사회	5-1	2-5. 고려의 과학과 기술		88~90	고려 청자와 금속 활자에 담긴 민족혼 알기

교과	학년-학기	단원	논제 종류	쪽수	학습 내용
■ 토론 주제 : 초등학생들에게 스마트폰을 휴대하게 해야 한다.					
도덕	5학년	4. 밝고 건전한 인터넷 세상	정책	66~79	생각과 삶에 대한 태도가 다른 사람 배려하기
국 듣 말	★ 5-1	6. 깊이 있는 생각		110~117	찬성 측이나 반대 측의 주장 중에서 부적절한 것 찾아보기
과학	5-1	2. 전기회로		65~81	전기가 통하는 물체와 연결방법

공부가 새로워지는 토론학습 1교시
Debate First Class

교과	학년-학기	단원	논제 종류	쪽수	학습 내용
■ 토론 주제 : 신라가 삼국을 통일한 것은 우리 민족의 발전에 도움이 되었다.					
도덕	5학년	5. 우리는 하나		86~93	진정한 통일의 의미를 이해하고 통일을 위해 노력할 일 알아보기
국 듣 말	5-1	6. 깊이 있는 생각	가치	108~109	주장의 근거를 뒷받침하는 자료 마련하는 방법
사회	★ 5-1	1-4. 삼국통일과 발해		42~46	신라의 삼국통일과정과 의의 이해하기

교과	학년-학기	단원	논제 종류	쪽수	학습 내용
■ 토론 주제 : 태조 이성계가 조선을 건국한 것은 잘한 것이다.					
도덕	5학년	3. 갈등을 대화로 풀어 가는 삶		46~65	대화를 통해 갈등을 해결하는 방안
국 듣 말	5-1	7. 상상의 날개	가치	125~130	인물이 활동하고 사건이 벌어지는 배경에 대해 이해하기
사회	★ 5-1	3-1. 조선의 건국과 한양		100~105	조선의 건국과정을 이해하고 이성계와 정몽주의 의견 비교하기

♣ 5학년 2학기 도덕, 국어, 사회과 통합논제의 예

교과	학년-학기	단원	논제 종류	쪽수	학습 내용
◨ 토론 주제 : 홍길동은 처벌을 받아야 한다.					
도덕	5학년	8. 이웃과 더불어		146~153	이웃 간에 지켜야 할 도리와 예절 알기
국어 듣말	★ 5-2	3. 의견과 주장	가치	46~49	주장에 대한 근거를 잘 들기
사회	5-2	1-2. 달라지는 경제생활과 신분질서		16~31	조선 후기 신분제의 변화에 대해 알기

교과	학년-학기	단원	논제 종류	쪽수	학습 내용
◨ 토론 주제 : 초등학생들은 장기 자랑에서 연예인을 흉내 내도 좋다.					
도덕	5학년	6. 돌아보고 거듭나고		106~125	진정한 반성이란 어떤 것인지 바르게 판단하기
국어 듣말	★ 5-2	3. 의견과 주장	가치	49~63	상대편의 주장을 반박하는 요령알기
사회	5-2	1-3. 서민문화의 발달		24~26	조선후기 판소리와 탈놀이 이해하기

교과	학년-학기	단원	논제 종류	쪽수	학습 내용
■ 토론 주제 : 어린이들에게 장난감 전쟁놀이를 허용해야 한다.					
도덕	5학년	8. 이웃과 더불어		146~165	이웃과 정답고 사이좋게 니내기 위해 우리가 할 수 있는 일 생각하기
국 듣 말	5-2	6. 깊이 있는 생각	정책	110~117	모둠 친구들과 토론 주제를 정해서 토론하기
사회	5-2	3-1. 대한민국 정부수립		105~108	6·25 전쟁, 잊을 수 없는 상처에 대해 알기

교과	학년-학기	단원	논제 종류	쪽수	학습 내용
■ 토론 주제 : 인터넷 실명제는 필요하다.					
도덕	5학년	4-3. 함께 가꾸는 사이버 공간		80~85	건전한 사이버 공간을 만들기 위해서 노력할 일
국 듣 말	5-2	3. 의견과 주장	정책	60~66	주장을 뒷받침하기 위한 자료를 찾는 방법 알기
사회	★ 5-2	3-3. 대한민국의 발전을 위하여		124~131	인터넷 실명제와 우리 나라의 발전에 대한 관계 알기

교과	학년-학기	단원	논제 종류	쪽수	학습 내용
■ 토론 주제 : 독도는 대한민국의 영토이다.					
도덕	5학년	10. 우리는 자랑스러운 한인	사실	200~204	재외 동포의 독도 사랑에 대해 알기
국 듣 말	5-2	6. 깊은 생각 바른 판단		120~127	독도 영유권에 대한 대한민국과 일본의 주장과 근거 알아보기
사회	★ 5-2	2-5. 주권 수호와 독립운동의 전개		84~93	민족혼을 지키려는 사람들을 알고 본받기

교과	학년-학기	단원	논제 종류	쪽수	학습 내용
■ 토론 주제 : 국산품을 애용해야 한다.					
도덕	5학년	10. 우리는 자랑스러운 한인	가치	194~199	재외 동포들에게 한국인으로서 자긍심을 갖는 방법 연구하기
국 듣 말	5-2	6. 깊은 생각 바른 판단		129~130	국산품을 사용할 때의 좋은 점과 그렇지 않은 점 알아보기
사회	★ 5-2	3-2. 민주화와 경제 발전		118~122	경제 성장과 외환 위기의 극복을 알고 우리 경제 발전에 관심갖기

공부가 새로워지는 **토론학습 1교시**
Debate First Class

교과	학년-학기	단원	논제 종류	쪽수	학습 내용
■ 토론 주제 : 아파트에서 애완동물을 길러도 된다.					
도덕	5학년	8. 이웃과 더불어	가치	160~165	이웃과 정답고 사이좋게 지내기 위해 우리가 할 수 있는 일을 찾아 노력해 보기
국어 듣말	★ 5-2	6. 깊은 생각 바른 판단		115~119	의견과 그 까닭을 생각해 보기
사회	5-2	3-2. 민주화와 경제 발전		129~130	인간다운 삶을 보장해 주는 방법 알기

♣ 6학년 1학기 도덕, 국어, 사회과 통합논제의 예

교과	학년- 학기	단원	논제 종류	쪽수	학습 내용
◨ 토론 주제 : 종이책의 미래는 밝다.					
도덕	6학년	4. 서로 배려하며 봉사하며	가치	66~85	배려하는 생활이 중요한 이유 알기
국읽	★ 6-1	1. 정보와 이해 종이책의 미래		46~50	'종이책의 미래'에 대한 다른 관점 이야기하기
사회	6-1	3. 환경을 생각하는 국토 가꾸기 지역 개발과 합리적 의사 결정		122~128	합리적인 대안 만들기

교과	학년- 학기	단원	논제 종류	쪽수	학습 내용
◨ 토론 주제 : 한글 사용을 대폭 늘려야 한다.					
도덕	6학년	3. 우리 함께 지켜요. 우리가 지켜야 할 것들	정책	48~53	다양한 의견 제시 및 결정 방안
국읽	★ 6-1	5. 사실과 관점 우리말과 외국어		108~115	우리말과 외국어를 생각하며 글을 읽기
사회	6-1	2. 우리 경제의 성장과 과제 세계 속의 우리 경제		82~91	우리나라 무역의 미래

교과	학년-학기	단원	논제 종류	쪽수	학습 내용
▣ 토론 주제 : 우리나라 전통 공업을 늘려야 한다.					
도덕	6학년	5. 통일 한국을 위하여	정책	86~92	다양한 의견 제시 및 결정 방안
국읽	6-1	3. 다양한 주장		67~73	주장에 대한 근거를 생각하며 글을 읽기
사회	★6-1	1. 우리 국토의 모습과 생활 우리나라의 전통공업		37~38	우리나라의 특산물과 공업지역

교과	학년-학기	단원	논제 종류	쪽수	학습 내용
▣ 토론 주제 : 귀농인구가 늘어나는 정책을 실시해야 한다.					
도덕	6학년	4. 서로 배려하고 봉사하며	정책	66~79	생각과 삶에 대한 태도가 다른 사람 배려하기
국읽	6-1	3. 다양한 주장		59~62	벼농사를 지키자
사회	★6-1	1. 우리 국토의 모습과 생활 우리나라 산업 구조의 변화		34~36	도시수와 인구가 증가하는 원인 알기

교과	학년-학기	단원	논제 종류	쪽수	학습 내용
■ 토론 주제 : 혼자 지내는 시간을 늘려야 한다.					
도덕	6학년	6. 용기, 내 안의 위대한 힘 올바른 선택	가치	108~113	용기 있는 행동을 하기 위해서 어떻게 행동해야 하는지 알아보기
국 읽	★ 6-1	7. 문학의 향기 혼자 있어 봐		146~149	시를 읽으면서 혼자 지내는 시간의 장단점 이해하기
사회	6-2	1. 우리 생활과 민주주의 인구문제		18	저출산 고령화 사회의 특징 이해하기

교과	학년-학기	단원	논제 종류	쪽수	학습 내용
■ 토론 주제 : 우리나라의 해안 간척은 필요하다.					
도덕	6학년	3. 우리 함께 지켜요. 법과 규칙의 중요성 알고 지키기	가치	60~65	법과 규칙을 생활속에서 꾸준히 실천하기
국 읽	6-1	8. 함께 하는 마음		156~164	해바라기 마을의 거대 바위의 해결책 알아보기
사회	★ 6-1	3. 환경을 생각하는 국토 가꾸기 자연 환경 속의 인간		99~104	자연을 변화시켜 새로운 환경을 만드는 우리 생각해 보기
과학	6-1	4. 생태계와 환경		142~147	환경 오염과 환경 복원을 위해 해야 할일

♣ 6학년 2학기 도덕, 국어, 사회과의 통합 논제의 예

교과	학년- 학기	단원	논제 종류	쪽수	학습 내용
■ 토론 주제 : 방구아저씨는 은나비 괴목장을 팔았어야 했다.					
도덕	6학년	6. 용기 위대한 힘 서로 이해하기 위한 올바른 생각		134~139	다른 문화에 대한 편견을 극복하고 관용적인 태도 갖기
국어 읽기	★ 6-2	1. 문학과 삶 방구아저씨	가치	9~20	인물 사이에 갈등이 생긴 까닭
사회	6-2	4. 인권과 인권 보호 우리 생활과 민주주의		38~47	인권 보호를 위한 노력

교과	학년- 학기	단원	논제 종류	쪽수	학습 내용
■ 토론주제 : 공정 무역 초콜릿을 사서 먹어주어야 한다.					
도덕	6학년	3-3 함께 만들고 제대로 지켜요.		60~65	다양한 의견제시 및 결정 방안
국 읽	6-2	2. 정보의 해석 공정 무역 초콜릿	가치	49~52	공정 무역 초콜릿에 담긴 여러 가지 사실 파악해 보기
사회	6-2	4. 인권과 인권 보호 우리 생활과 민주주의		38~47	인권 보호를 위한 노력

교과	학년-학기	단원	논제 종류	쪽수	학습 내용
■ 토론주제 : 독도는 대한민국의 영토이다.					
도덕	6학년	3-3 함께 만들고 제대로 지켜요.	사실	60~65	다양한 의견제시 및 결정 방안
국어 읽기	★ 6-2	3. 문제와 해결 독도에서 온 편지		13~64	독도가 우리나라 영토인 근거를 파악해 보기
사회	6-2	3. 정보화, 세계화 그리고 우리통일과 인류 공동 번영의 길		117~118	지구촌의 갈등과 해결방법

교과	학년-학기	단원	논제 종류	쪽수	학습 내용
■ 토론주제 : 발렌타인데이와 같은 기념일은 우리 사회에 필요하다.					
도덕	6학년	7. 다양한 문화 행복한 세상 다양한 문화의 이해와 존중	가치	126~133	다른 문화에 대한 존중과 관용의 태도 이해하기
국어 읽기	★ 6-2	6. 생각과 논리 정체불명의 기념일		138~140	정체불명의 기념일이 필요한지 알아보기
사회	6-2	3. 정보화, 세계화 그리고 우리전통과 세계의 만남		108~113	전통문화와 세계화의 관계

공부가 새로워지는 **토론학습 1교시**
Debate First Class

교과	학년-학기	단원	논제 종류	쪽수	학습 내용
■ 토론주제 : 스크루지는 근검절약 하는 성품을 지닌 사람이다.					
도덕	6학년	8. 공정한 생활 공정한 판단, 올바른 선택	가치	154~159	공정한 생활을 위한 판단의 중요성 생각하기
국어 읽기	★ 6-2	7. 즐거운 문학 크리스마스 캐럴		179~188	스크루지의 성격을 현대적의미로 다시 해석 해 보기
사회	6-2	1. 우리 생활과 민주주의 일상생활 속의 민주주의		18	일상생활 속에서 민주적인 의사결정과정

교과	학년-학기	단원	논제 종류	쪽수	학습 내용
■ 토론주제 : 우리나라의 농수산물 시장을 개방해야 한다.					
도덕	6학년	7. 다양한 문화 행복한 세상 모두가 행복한 세상을 위하여	정책	140~145	관용을 통한 다양한 문화 발전 방법 생각하기
국어 읽기	6-2	6. 생각과 논리		151~158	자연보호와 자연개발에 대한 주장과 근거가 타당한지 생각하기
사회	★ 6-2	3. 정보화, 세계화 그리고 우리전통과 세계의 만남		105~106	농수산물 시장 개방에 대한 찬성 측과 반대 측의 입장

CLASS

06
신문을 활용한 토론

신문은 현대사회에서 가장 큰 힘을 발휘하고 영향력이 대단한 언론 매체예요. 동시에 과거에 사관(史官)이 역사를 기록했던 기능들을 신문이 그것을 대체한다고 생각할 수도 있어요. 신문을 이용해서 토론학습을 하면 매우 유익하고 흥미롭지요.

신문을 활용하는 토론 수업에서 무엇보다도 먼저 이루어져야 하는 것은 논제를 정하고 그러한 내용이 담겨 있는 텍스트의 내용을 분석하는 것이에요. 이 과정을 통해 정리된 수업주제와 목표에 따라 교사는 인터넷 신문 사이트를 포함하여 다양한 신문자료를 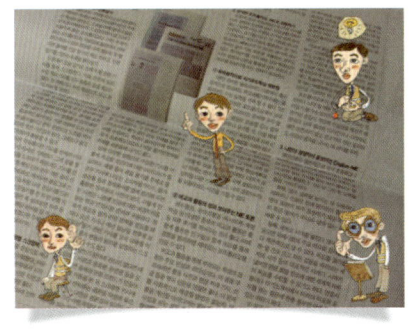 검색하고 선별하여 수업자료로 삼는 것이 필요해요. 신문자료를 골라서 나눌 때 고려해야 할 사항은 다음과 같아요.

- 신문기사의 내용이 주제 및 텍스트와 관련이 있어야 합니다.
- 특정 신문뿐만 아니라 다른 매체에서도 보충 자료를 찾을 수 있는 것이어야 합니다.

- 사회문제에 대한 명확한 주장과 근거를 담고 있어야 합니다.
- 학생들의 흥미와 관심을 끌 수 있어야 합니다.
- 학생들의 수준에 알맞은 것이어야 합니다.
- 학생들의 확산적 사고가 가능한 것이어야 합니다.

신문 활용 토론 수업은 학교에서 가장 적합한 장소로 도서관이 좋아요. 도서관이 여러 가지 사정 때문에 이용되기 어려울 경우 교실에서 토론수업이 진행될 때는 모둠별로 필요한 책과 신문, 잡지 자료 등이 준비되어 있어야 합니다. 토론 수업 전의 학습 단계에서 미리 예고를 통해 준비해 두면 더욱 좋아요.

논쟁이 될 만한 논제일 경우에는 디베이트 수업 형식이 어울립니다.

본격적인 토론을 시작하기 전에는 토론 논제와 관련 자료에 대한 학생들의 이해가 선행되어야 합니다. 토론 전 활동으로 신문을 읽고 논제에 대한 자신의 입장과 주장, 근거 등을 정리하는 것이 필수적입니다. 이 단계는 학교에서 할 때에는 지도 교사가, 가정에서 할 경우에 부모님이 간단한 발문을 통해 신문의 내용에 대해 간략하게 정리, 점검하게 도와주어야 해요. 이를 통해 다양한 형식의 '글쓰기' 활동을 하는 것이 좋아요.

CLASS

07
영화관람 후의 토론

영화를 활용한 토론 수업을 효율적으로 전개하려면 어떻게 해야 할까요?
단계별로 나누어서 수업을 하는 것이 가장 좋아요.

먼저 첫 번째 단계는 '주제 설정하기'입니다. 무엇을 가지고 어떻게 고민할 것인가라는 해답을 찾는 단계입니다. 주제를 설정할 때는 학생들의 개인적인 발표를 들어보거나 마인드맵을 사용하면 좋아요. 학생들의 개인적인 발표는 '돌아가며 발표하기 토의(라운드 로빈)' 형식으로 생각을 열어 가는 것이 주제를 정하는 데 도움이 되요. 마인드맵을 사용할 때에는 중심 이미지에 영화 제목을 적고 주변 가지로 주제를 펼쳐나가는 방법이에요. 이 때 여러 가지 색을 이용한 필기도구를 사용하면 더욱 좋아요. 예를 들면, 환경은 나뭇잎을 나타내는 초록색, 미디어는 방송중이라는 사인에 해당하는 빨간색, 인간복제는 그림자를 상징하는 검은색으로 분류할 수 있어요. 직접 필기도구를 이용할 수 있고 컴퓨터 프로그램을 사용할 수도 있어요. 영화 주제별로 생각 펼치기를 해봅시다. 환경 문제를 다룬 영화로는 '해운대'나 '투머로우'와 같은 것들이 좋습니다. 학생들의 관심이 많은 인간 복제에 관한 영화로는 '블레이드 러너'와 같은 것이 그 예가 될 것입니다. 전기감전 장치를 이용하여 죄수를 죽음에 이르게 하는 과정을 보여주는 '그린 마일' 같은 영화는 다소 상영시간이 길지만 학생들의 다양한 생각을 열어주는 데 많은 도움을 줍니다.

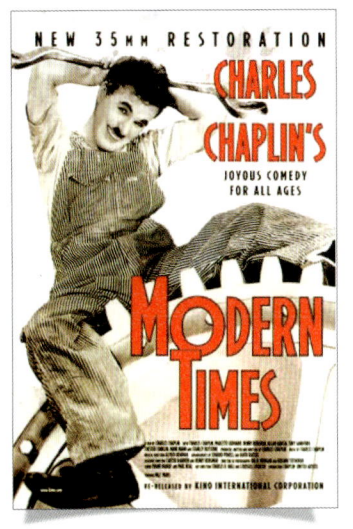

정의나 법, 그리고 도덕에 관련된 주제로는 '타임 투 킬'과 같은 영화가 이에 해당합니다. 조금 오래된 명화인 찰리채플린 감독 주연의 '모던타임즈'라는 영화는 현대 산업문명에서 하나의 기계부품으로 몰락한 인간 소외의 단면을 극명하게 보여줘요. 이와 같은 주제 이외에도 법정 영화나 가족의 의미를 생각하게 해주는 영화들을 통해서 주제를 정하면 매우 의미 있는 토론이 이루어질 수 있어요.

주제를 정하는 첫 번째의 단계가 끝난 뒤에는 어떤 활동이 이루어져야 할까요?

두 번째 단계는 '영화 감상하기'예요. 영화를 감상하기 전에 영화 및 주제에 관련된 질문지를 활용하면 영화를 훨씬 깊이 있게 이해할 수 있어요. 영화를 본격적으로 감상하기 전에 영화의 결정적인 장면이나 영화의 주제가 함축되어 있는 영화 포스터를 활용하면 그 내용을 알아내기가 수월해요. 사전에 준비하면 좋을 질문지에는 어떠한 내용들이 담겨 있으면 좋을

까요? 아래와 같은 내용이 그 좋은 예가 될 것입니다.

- 영화 제목은 무엇을 뜻하는가?
- 등장인물들끼리 어떠한 문제나 갈등이 있는가?
- 가장 특징이 있거나 인상적인 장면에는 어떤 것들이 있는가?
- 영화에서 제기하는 현실의 사회적 문제는 무엇인가?
- 영화의 감독은 무엇을 주제로 영화를 만들었는가?

영화를 감상하는 요령은 영화의 내용과 줄거리를 사실적 관점으로 이해하기, 영화에 나타나 있지 않은 내용들을 추리하고 상상적으로 바라보기, 감상자의 일정한 기준을 가지고 보는 사람의 관점에서 거꾸로 생각하는 등 비판적으로 감상하기로 나눌 수 있어요. 일반적으로 영화에는 작품성 외에 흥행을 염두에 둔 감독의 허구적 상상력이 가미되어 있기 때문에 사실과 진실, 허구를 가려내도록 노력해야 해요.

세 번째 단계는 '영화 이외의 매체를 가지고 영화와 관련된 내용을 살펴보기' 예요. 예를 들면, 정해진 주제를 가지고 텔레비전 뉴스나 인터넷 홈페이지에 들어가서 관련된 뉴스를 검색하면 좋아요. 특히 텔레비전 뉴스는 길지 않은 시간 동안 시청을 할 수 있으며, 중요하거나 의도한 내용을 파악하는 데 좋아요. 그리고 신문 종합검색사이트(한국언론진흥재단, www.kinds.or.kr)를 활용하면 매우 편리해요.

드디어 가장 중요한 단계로서 네 번째가 되는 '주제 토론하기' 입니다. 사회자를 한 명 선출하거나 처음에는 교사가 사회자를 하고 영화를 활용한 토론이 익숙해지면 학생 한 명을 선출하여 사회자 역할을 하게 하면 좋아요. 이 때 사회자는 토론 주제를 모둠 토의를 통해서 모아도 됩니다. 어떤 주제를 구체적으로 정하게 되면 여러 사람들이 나누어서 할 수 있도록 가능한 많은 세부적인 내용으로 함축하면 됩니다. 영화를 활용한 토론의 경우에도 일반적인 디베이트 수업의 경우처럼 논제에 대한 찬성 측과 반대 측의 주장내용을 세분해서 준비하는 것은 동일해요. 논제가 정해지면 학생수준이나 토론 시간 등을 생각해서 토론수업 형태를 정해서 수업을 진행하면 됩니다. 그 예로 전체 학생들을 찬성측과 반대 측, 판정인, 사회자로 나누어서 전체 디베이트 학습을 하는 것이 가장 유익할 거예요. 그렇게 되면 논제에 대한 보다 폭넓고 깊이 있는 내용들을 알게 될 것이기 때문입니다.

마지막 다섯 번째 단계에는 논제에 대한 토론을 마치고 자신의 생각을 정리하는 단계예요. 즉, 논제에 대한 토론을 시작하기 전에 자신이 생각했던 것과 비교해서 자기가 깨달았던 부분은 어떤 점이고, 잘못 알고 있었던 부분과 더 알고 싶은 부분들을 정리하는 단계예요. 이 단계에서는 글쓰기로 정리해도 좋습니다.

CLASS

08
책을 읽고 난 후의 독서 토론

'무기 팔지 마세요'라는 책을 읽고 나서 토론 주제를 정했어요.
'어린이들에게 장난감 전쟁놀이를 허용해야 한다'라는 논제로 토론을 즐겼지요.
6학년 학생들이 얼마나 열심히 토론을 준비하고 학습했는지 토론이 끝나고 글을 쓸 때 마음이 편했다고 해요.

우리들이 영화를 보고 나서 이야기를 할 때에는 처음부터 끝까지 줄거리를 이야기 하는 것이 아니라 재미있었거나 느낌이 강렬했던, 소위 인상 깊었던 대목들을 중심으로 대화를 나누는 경우가 일반적이에요. 책을 읽고 나서 독서 토론을 할 때에도 마찬가지랍니다. 책을 읽은 학생들이 가장 인상적인 장면들을 중심으로 이야기하다보면 그 작품의 여러 가지 측면이 잘 드러나기 때문이에요.

또 한 가지 주목할 점은 책을 읽고 난 다음, 읽은 후의 느낌이나 생각을 제한 없이 자유롭게 표현하는 과정은 매우 중요해요. 참석한 학생들 모두에게 장황하지 않게 핵심적이고 인상적인 내용만 간략하게 발표하는 기회를 주는 것이 좋아요.

이 때 교사나 학생들 중에서 발표하는 학생들의 내용들을 요약해서 칠판에 적어 놓는 것도 서로 의견을 비교해 보는 데 도움이 될 거예요. 학생들이 나름대로 열심히 발표한 내용들에 대하여 평가를 하지 않고 일단 존중하는 것이 좋아요. 여러 학생들이 발표한 내용들 중에서 공통적으로 느낌이 통한 부분들은 교사의 언어로 더욱 확실하게 정리해 주어야 해요. 학생들이 강렬하게 내면화 하는 동시에 새로운 생각이나 느낌을 열어주는 계기를 마련하는 것도 필요해요.

이렇게 학생들의 발표를 듣다보면 의견 차이가 발견될 수 있어요. 소위 쟁점이 되는 부분인데 서로 간에 묻고 대답하는 과정을 통해서 해결이 되는 부분은 굳이 토론을 할 필요가 없어요. 작품에 등장하는 인물들에 대한 평가, 작품을 바라보는 관점에 따른 차이, 작가가 주장할 것이라고 여겨지는 주제에 대한 판단 등과 같은 핵심적인 쟁점들에 대해서는 여러 가지 형식으로 칠판에 적어 놓고 학생들과 함께 논제를 정하는 것이 좋아요. 이 때 유의해야 할 점들은 정해진 논제가 학생들의 관심 사항인지, 수준에 알맞은 것인지, 토론 자료들을 준비할 때 어렵지 않은지, 꼭 학교에서 친구들과 함께 토론해야할 가치가 있는 것인지를 고려해 보아야 성공적인 독서 토론이 될 수 있어요.

독서 토론을 하기에 앞서서 가장 먼저 해야 할 일들은 '어떤 책을 선정할 것인가?' 예요. 책을 선정하는 기준은 각 학년별 추천도서목록을 참고하거나 각각의 학생들로부터 추천을 받아서 다수결 같은 방법으로 정하면 좋아요. 무엇보다도 중요한 도서선정 기준은 과연 선정하고자 하는 책의 내용이 '토론할 내용을 담고 있는

가?'와 '찬성 측과 반대 측으로 나누어 토론하게 되는 쟁점이 있는가?' 예요. 쟁점이 되더라도 학생들이 충분히 이해할 수 있어야 하는 것은 지극히 당연한 것입니다.

책을 선정하여 함께 읽고 난 뒤에는 '개인적인 감상을 발표하는 것' 입니다. 이 때 30명의 학생들을 4팀으로 나누어서 앞에서 설명한 토론형태 중에서 '돌아가면서 발표하기 토의(라운드 로빈)' 형식으로 하면 좋아요. 그래서 각 팀별로 정해진 내용들을 대표학생이 발표를 해 보는 것이 독서토론 브레인스토밍의 하나가 될 것입니다.

그 다음에는 아래에서 예시한 도서와 그 책을 읽고 해볼 만한 논제들을 참고하여 디베이트 학습 형식에 의거하여 '본격적인 독서 토론'을 해 보면 됩니다. 초등학교 3학년 학생들을 대상으로 먼저 '심청전'을 읽게 한 후 "심청이가 한 행동은 지혜로운 것이다"라는 논제로 정했어요. 일주일 후에 독서 토론을 하자고 하여 학습지를 나누어 주었고, 디베이트 학습 형식으로 하기로 결정했어요. 그래서 총 30명의 학생들을 판정인 3명, 찬성 측 14명과 반대 측 13명으로 확정해서 토론 준비에 들어갔어요.

일주일이 흐른 뒤에 디베이트 학습을 실시했습니다. 찬성 측에서는 그 당시에는 효도가 모든 행동의 근본이고 가장 높게 평가되었기 때문에 장님이신 아버지의 눈을 뜨게 하기 위해 자신의 생명을 희생한 것은 매우 지혜로운 것이라는 주장을 펼쳤어요. 현재의 가치를 가지고 생각해서는 어울리지 않는다는 것이었어요. 반대 측에서는 장님이신 아버지의 눈을 뜨게 하기 위해 자신의 귀한 생명을 희생한 심청이의 효심은 충분히 이해하고 존중하지만 '효도의 방법'에서 큰 문제가 있다는 것이에요. 어느 부모가 자신의 눈을 뜨게 하고 그 귀한 자녀의 생명을 버린 행위에 대하여 마음 편하게 여길 수 있겠느냐고 강한 어조로 반대했어요. 예로부터 "자식이 죽으면 땅에 묻는 것이 아니라 부모의 가슴에 묻는다."는 속담도 인용했어요.

　5학년이나 6학년 학생들을 대상으로 해서는 학년별 필독도서들을 정해 놓고 그 중에서 두 달에 한 편씩 독서토론을 하는 기회를 가지는 것이 좋아요.

　'몽실언니'를 읽은 후에는 "다른 남편을 찾아간 몽실 언니의 엄마 행동은 옳다", '인기 짱에겐 뭔가 특별한 것이 있다'라는 책을 읽고 나서는 "인기가 많은 것은 행복한 것이다"라는 논제로 디베이트 학습을 실시해 보았어요. 특히 "인기가 많은 것은 행복한 것이다."라는 논제로 인기가 많은 것은 그만큼 책임감도 크기 때문에 자유롭게 생활하기가 어려울 수 있다는 논리로 반대 측에서 강하게 주장했어요. 찬성 측에서는 "사람은 '인기'라는 타인들의 관심과 지지 때문에 오히려 더욱 힘차게 자신의 일들을 처리할 수 있고 보람도 생겨서 행복하게 한다."라는 의견을 다양한 예를 들어가면서 주장을 펼쳤어요.

　독서 토론의 학습 형식으로 이야기식 토론이 있어요. 이 토론 모형은 1명의 사회자와 다수의 참가자가 토론 자료로 제시된 책과 신문자료 등의 내용을 읽고 이에 대해 자연스러운 분위기 속에서 토론하는 것이에요. 이야기식 토론 학습에서는 이야기를 진행해나가는 사회자의 역할이 매우 중요해요. 사회자는 주로 발문을 통해 토론을 진행하게 되는데, 이 토론은 단계에 따라 발문의 성격을 달리해야 해요. 대개 사회자는 세 단계의 발문 수준에 맞춰 토론을 진행해요.

◎ 1단계

　도입 단계의 래포(따뜻한 인간관계) 형성 발문이 주를 이룹니다. 예를 들면 책을 읽게 된 동기, 책표지의 그림이나 문구, 책을 읽은 후 주변 사람들에게 들려준 이야기 등에 대하여 사회자가 부드럽게 발문을 하고 답변 또한 허용된 분위기를 유지하면서 최대한 대답한 학생들에게 자신감을 심어 주도록 노력합니다.

◎ 2단계

　책 내용을 제대로 읽었는가를 확인하는 발문입니다.

◎ 3단계

　책의 내용을 읽고서 자신에게 적용시켜 보거나 사회현상과 연관시켜 보는 발문입니다. 물론 이 때 사회자의 발문 속에는 학생들의 찬반 논쟁을 이끌어내는 발문을 구성하여 준비하는 것도 필요합니다.

01 / 디베이트 학습지 사례

02 / 각종 디베이트 대회 알아보기

03 / 디베이트 대회 참가자 준비 방법

04 / 실전 디베이트 논제와 필수쟁점 5개

생각 없는 독서는 소화되지 않는 음식을 먹는것과 같다.
| 에드먼드 버크 |

01 디베이트 학습지 사례

제 (10) 회 디베이트 학습   예일초등학교 (6)학년 (4)반 이름 (이 승 훈)

논제 : 중·고등학교의 수준별 학습은 교육적으로 필요하다.				
과목	국어, 도덕, 사회		학습일	12월 12일 수요일
단계	찬성 측		반대 측	
	중심 근거	보조 근거(사례)	중심 근거	보조 근거(사례)
입론	1. 학생들의 개인차를 고려한 학습 내용과 학습 방법을 제공함으로써 우열반 학생 모두에게 학습효과를 높여준다.	1. 과목별로 비슷한 수준의 학생을 모아놓고 그에 맞게 심화학습과 보충학습 등의 적절한 교육법으로 가르친다면 각각 아이들에게 맞는 실력을 향상시킬 수 있다.	1. 학교란 학생들이 함께 실력을 똑같이 키워나가는 곳이다.	1. 수준별 수업을 하는 학교는 학원과 다름이 없다.
	2. 학습 동기를 유발해 준다.	2. 수업시간에 소외되었던 하위권 학생들에게도 자신의 수준에 맞는 기본 개념위주의 학습을 할 수 있게 함으로써 학습의욕이 점차 높아져서 자신감이 생기게 도와준다.	2. 수준별 수업으로 나누어지면 하위권 반의 학생들에게는 논란과 짜증이 나게 한다.	2. 민감한 사춘기 시절에 서열이 생겨나서 마음이 불편해져 학교생활이 즐겁지 않고 짜증이 많이 난다.
	3. 학생 개인의 특기분야, 관심분야에서 능력을 발휘할 수 있게 해 준다.	3. 성심여고는 학생의 학력 수준에 맞춘 수준별 수업을 실시하여 시험성적이 뒤쳐진 학생이 스스로 자신에게 알맞다고 생각되는 수준별 학습을 선택하고 3개월, 다음 시험에서 성적이 오르면 그때 다시 학생이 스스로 수준별 반을 선택하게 한 결과 큰 성공을 거두게 되었다.	3. 상위권 학생들에게만 이익이 된다.	3. 여러 연구 논문들을 살펴보면 수준별 학습반 편성은 상위권 학생들에게만 더 좋은 효과를 발휘한다고 한다.

단계	찬성 측			반대 측		
	상대 측의 오류내용	상대 측의 질문(예상)	질문에 대한 답변	상대 측의 오류내용	상대 측의 질문(예상)	질문에 대한 답변
반론	1. 사교육비가 감소한다.	수준별로 수업을 할지라도 학생들은 학원수강을 많이 한다.	목포의 영흥고 학생들은 수준별 수업으로 사교육이 많이 줄어들었다.	1. 핀란드에서는 수준별 수업을 하지 않고도 학습효과를 크게 얻고 있다.	그것은 핀란드의 이야기이고 우리와는 교육환경이 다르다.	핀란드의 교육시스템을 잘 연구하여 핀란드를 따라야 한다.
	2. 학습동기가 유발된다.	공부를 잘하는 학생들은 그럴지 모르지만 못하는 아이들은 초조하고 자괴감을 갖게 된다.	공부를 못하는 아이들에게 경쟁심을 유발시켜 공부를 더욱 열심히 하게 한다.	2. 수준별 수업이 잘 운영되지 않는다.	몇 몇의 학교에서는 수준별 수업이 성공했다.	몇 몇 학교의 사례만으로 성공했다고 보는 것은 합성의 오류에 해당한다.
	3. 교사의 전문성이 향상된다.	공부를 못하는 반 학생들을 가르치는 교사는 문제 학생들로인해 짜증이 나고 열심히 가르치지 않게 된다.	제도를 충분히 이해시키고 자존심을 살려주고 공부하게 하면 그러한 일은 오히려 줄어든다.	3. 실력이 부족한 학생들은 오히려 차별을 받는다.	실력이 부족한 아이들이 더 열심히 노력하면 높은 반으로 갈 수 있다.	심리적으로 포기하게 되고 맞춤식으로 학습하려고 하지만 걸림돌이 많아서 성공하는 학생이 적다.

단계	찬성 측	반대 측
최종 변론	1. 성적은 노력순이다. 그리고 좋은 성적을 얻기 위해서는 수준별 수업이 필요하다.	1. 학력이 높은 학생들에게만 그 효과가 나타날 것이다. 실제로 대부분의 연구결과가 성적이 낮은 학생들에게 효과가 거의 없거나 학습의욕을 오히려 저하시킨다.
	2. 수준별 학습은 하위권 학생들에게 좋은 자극을 주어서 분발하게 하며 실력을 전체적으로 끌어올려준다.	2. 민감한 사춘기의 청소년들끼리 친구간의 벽이 생겨나고 학교생활이 경쟁관계가 많아져서 학교폭력이 증가될 수 있다.
	3. 수준별 학습을 하게 되어 사교육을 받는 기회가 줄어들고 교사들도 전문적으로 교재준비를 하여 학생들의 실력을 높여준다.	3. 심화반이나 우반 학생들의 실력은 공교육의 영향보다는 사교육으로 인한 경우가 더 많다.
토론왕	박근형, 김채윤	이승훈 , 김강현
판정	(√승, 패) 혹은 점수(88)점	(승, √패) 혹은 점수(83)점
느낌 및 다짐	이번 디베이트 논제는 이제까지의 논제보다 약간 어려웠다. 하지만 이렇게 조금 어려운 논제를 가지고 친구들과 디베이트를 한 경험도 필요하다고 생각한다. 자료 조사를 열심히 한 친구들은 정말 쟁쟁하게 토론했다. 나 역시도 자료를 찾을 때 자료가 예상했던 것 보다 매우 많았다. 아마도 우리 사회에서 이러한 논제가 다툴거리가 되었나 보다. 특히 핀란드 학교의 예를 들어서 의견을 주장하는 친구의 말처럼 우리도 제도를 보완하면 수준별로 반편성을 하지 않고도 얼마든지 수준별로 반편성을 할 때의 효과를 거둘 수 있을 것이라고 생각한다. 어떤 제도이든지 희생을 최소화하도록 해야 올바른 제도라는 생각이 들었다. 이번 디베이트에서 나는 입론, 반론, 최종변론 단계에서 모두 열심히 주장을 펼쳤다. 판정인 친구들이 베스트 디베이터로 뽑아주어서 고마웠다. 디베이트는 정말 다른 학습방법이다. 혼자서 생각하지 못했던 것들을 생각하게 해 주고 일상생활에서 일어나는 일들조차도 두 가지 측면을 모두 이해하고 고민하게 하고 최고로 합리적인 답을 생각하게 해주는 마법 같다. 졸업을 앞두고 있다. 중학교에 가서도 이렇게 흥겨운 수업을 또 할 수 있을지 불안하다. 졸업하기 전에 디베이트 수업을 한 번 더 할 수 있었으면 좋겠다.	

02 각종 디베이트 대회 알아보기

〈디베이트 대회의 유형〉

◎ 논쟁식 토론(형식 토론)

토론의 과정과 절차를 중시하며 순서와 시간이 엄격한 경쟁 모형이다.

- **정책 결정식(CEDA식) 토론**
- 유래 : 교차질문식 디베이트 협회는 1947년에 창립되었던 미국의 '전국토론연맹(National Debate Tournament)'이 제시한 디베이트 방식을 비판하면서 1971년에 창설되었다. 즉 전국 디베이트 연맹의 디베이트 형식이 1960년대에 전국적으로 확대되면서 활성화되었지만, 주장과 반박으로만 이루어져 있어서 토론자들이 각자 자신의 주장만 내세우고 상대 측의 말을 전혀 듣지 않은 디베이트가 이루어지고 있다고 비판했던 것이다. 교차질문형 디베이트 협회는 이 점을 보완하여 토론자들끼리 보다 원활한 토론이 가능하도록 상대측의 주장에 대해 질문하는 단계를 넣어야 한다고 제기했다. 그리하여 입론과 반론이 있은 직후에 상대측의 주장에 대해 질문하는 단계를 추가하는 새로운 방식을 제시한 것이 바로 CEDA 방식이다.
- 특징 : 2대 2 토론, 의회식 토론의 불균형을 보완하여 경쟁적 대회 모형으로 만든 토론 방식, 의회식 토론이 가진 POI나 반대 구역(opposition block)의 문제를 보완하

여 한 사람이 모두 3차례 발언하도록 만든 대회 모형이다. 심문(cross examination)제도를 공식화했다는 점이 특징이다. 그리고 입론 시간이 반론 시간보다 길기 때문에 주장을 많이 할 수 있다는 점이다. 또 토론자가 두 명으로 구성되어 있고 입론의 기회가 두 번 주어지기 때문에, 개별 토론 능력을 측정하기에 적합한 유형으로 역동적인 디베이트를 펼칠 수 있다는 장점이 있다.

• **입론 단계**

입론이 두 번 있기 때문에, 두 번째 입론자들은 상대측이 첫 번째 입론에서 무슨 말을 했는지 주의 깊게 잘 듣고 자신들이 준비한 자료를 유연하게 변형시켜 논점을 제시해야 한다. 이런 점에서 CEDA식 디베이트는 논점을 확대해 나가는 토론이다. 물론 모든 토론유형이 그렇지만 두 번째 입론에서 상대측의 첫 번째 주장을 잘 듣지 않고 미리 준비한 입론을 그대로 읽게 되면 적극적인 대응을 못하게 되므로 시작부터 지고 들어가는 꼴이 된다.

입론의 단계에서는 찬성 측에서 먼저 의견을 주장하고, 반론의 단계에서는 반대 측이 먼저 주장한다. 추정의 원칙에 따라 찬성 측은 논제에 대한 입증의 부담, 반대 측은 반증의 책임을 갖고 있기 때문이다. 또 상대측이 제시한 논점 중 반박하지 않은 논점이 있을 경우에는 그 논점을 수용한 것으로 간주되므로 어떤 논점을 어떻게 반박할지 결정해야 한다.

• **반론 단계**

대부분의 CEDA식 디베이트에서는 반론에 앞서 양 팀 모두가 입론에서 거론된 내용에 대해 꼼꼼하게 분석하고, 어떻게 반론할 것인지에 대해 전략을 짜도록 시간을 고정시켜 놓는 경우가 많다. 그런데 작전협의 시간이 고정되어 있지 않다면, 반론할 차례가 된 팀에서 반드시 작전 협의 시간을 요청해서 반론의 전략을 세워야 한다.

또 한 가지 반론에서 새로운 논점을 제시하면 절대 안 된다는 것이다. 왜냐하면 이미 입론에서 제시된 논점들의 범위 안에서만 반박하되, 반박하는 과정에서 관련 논점으로 확대하는 것은 가능하기 때문이다.

- **절차** : 표준적 정책결정 모형은 찬성 1 입론(8분)-반대 2 심문(3분)-반대 1 입론 (8분) - 찬성 1 심문(3분)-찬성 2 입론(8분)-반대 1 심문(3분)-반대 2 입론(8분)-찬성 2 심문(3분) -반대 1 반론(4분)-찬성 1 반론(4분)-반대 2 반론(4분)-찬성 2 반론(4분)의 순으로 진행된다.

각종 디베이트 대회에서는 상황과 학생들의 수준을 고려하여 다음과 같이 조정하여 활용하고 있다. 규칙과 순서는 동일하게 진행되지만, 각 단계별로 시간이 다르게 적용되고 있는 점에 주의할 필요가 있다.

국가	디베이트 대회	단계별 시간 변경
미국	중학생 디베이트 대회	입론 4~5분, 확인질문 2분, 반론 2분
	고등학생 디베이트 대회	입론 8분, 확인질문 3분, 반론 5분
	대학생 디베이트 대회	입론 10분, 확인질문 3분, 반론 5분
한국	자유총연맹 주최 전국 고등학생디베이트 대회	입론 5분, 확인 질문 3분, 반론 3분 (각 팀에 작전협의 시간 4분)
	중앙선거방송토론위원회 주최 디베이트 대회	입론 6분, 확인 질문 3분, 반론 4분 (각 팀에 작전협의 시간 5분)

- **미국 의회식 토론**
- **유래** : 19세기 초반부터 쓰였던 미국, 캐나다 등의 토론 방식, 영국의회 모형을 본받았다.
- **특징** : 2대 2 혹은 4대 4 토론, 미국이나 캐나다에서 쓰이는 의회식 토론은 2인이 한조가 되어 경쟁하는 2인 1조 모형이나, 영국 혹은 호주 등에서 쓰는 방식은 2인으

로 구성된 팀이 2조 모여 찬성 팀을 이루고 반대 측도 2인으로 구성된 팀이 2조 모여 반대 팀을 이루는 4인 1팀 방식이다. POI(정보의 지적)가 특징이다.
- 절차 : 표준적 미국 의회식 토론은 찬성 입론(수상: 7분)-반대 입론(당수: 8분)-찬성 2 입론(장관: 8분)-반대 2 입론(의원: 8분)-반대 반론(당수: 4분)-찬성 반론(5분)의 순으로 진행된다.

• 퍼블릭 포럼 디베이트
- 유래 : 2002년에 창안되었다. 원래 이름은 '논쟁'이었지만 바로 '테드터너 디베이트'라는 이름으로 바뀌었다. 이 형식이 CNN 뉴스 프로그램인 〈크로스파이어〉를 닮아 CNN의 창설자인 테드 터너의 이름을 붙여 부르기 시작했다. 2003년 11월 미국 내 가장 유명한 디베이트 조직인 NFL(National Forensic League)이 새로운 형식의 이름을 퍼블릭 디베이트로 최종 확정하였고 2009년 10월 단계를 현재와 같이 개정한 방식으로 진행되고 있다.
- 특징 : 가치문제를 따지기 보다는 사회적으로 논란이 되고 있는 주제들을 다룬다. 이는 참가 학생들에게 학교와 가정을 뛰어넘어 사회전반을 이해할 수 있는 계기를 제공한다.
- 절차 : 찬성 측 입안(4분)-반대 측 입안(4분)-교차질의(3분)-반대 측 반박(4분)-찬성 측 반박(4분)-교차질의(3분)-찬성 측 요약(2분)-반대 측 요약(2분)-전원 교차질의 (3분)-반대 측 마지막 초점(2분)-찬성 측 마지막 초점(2분)의 순으로 진행된다.

◎ 비형식 토론

순서와 시간, 과정과 절차 등이 느슨한 목표 달성식 탐구 모형

- **논제 제시형 독서토론대회**

논제 제시형으로 독서토론을 할 경우에는 어떤 문제에 대해 찬성과 반대의 입장을 명확하게 드러낼 수 있는 책을 선정한다. 그래야 찬반의 대립각이 선명한 논제를 제시할 수 있고, 학생들이 그 논제에 대한 입장을 분명히 세울 수 있게 된다.

예를 들면 복거일의 〈국제어 시대의 민족어〉는 영어 공용화에 대한 찬성과 반대의 입장이 분명하게 대립되기 때문에 독서토론대회에서 가장 많이 활용되고 있는 책 중의 하나이다.

- **토론의 형식(규칙과 순서)** : 이 형식은 서울시 강남구교육청에서 주최하는 '중학생 독서토론대회'의 형식이다.

'논쟁형 독서토론대회'라는 명칭으로 불리는 이 형식은 2명의 토론자가 총 30분 동안 토론한다. 이 형식의 장점은 구체적으로 논제가 주어지기 때문에 책을 읽는 방향이나 입장 등을 명확하게 잡아갈 수 있다. 그래서 학생들이 비교적 쉽게 접근할 수 있다. 사용하는 용어가 주최 측과 다른 경우 이 책에 맞게 바꾸었다.

먼저 찬성 측 입론(3분)-반대 측 입론(3분)-숙의 시간(2분)-반대 측 반론펴기(3분)-찬성 측 반론펴기(3분)-숙의 시간(2분)-찬성 측 반론꺾기(3분)-반대 측 반론꺾기(3분)-숙의 시간(2분)-반대 측 최종 발언(3분)-찬성 측 최종발언(3분)의 순서로 진행된다.

– 단계별 토론자의 역할과 진행 방식

◎ **입론**

먼저 책의 핵심 내용을 간략하게 요약한다. 이어서 논제에 대한 팀의 입장을 밝히고, 입장을 지지하는 논점을 제시 한다. 팀이 내세운 논점을 뒷받침할 수 있는 논거를 선정된 책은 물론 동일한 주제를 다룬 다른 저자의 책이나 자료 등을 참고하여 제시한다.

◎ **작전 타임 1**

상대측이 제시한 논점과 근거를 검토하고, 논리적 허점이나 취약점을 찾아낸다.

◎ **반론펴기**

상대측이 책의 내용을 잘못 이해하고 있거나 확대해석하고 있는 점에 대해 논점을 지지해주는 논거의 불충분함이나 논리적 모순을 들어 반박한다. 주로 책의 내용에 대해 정확하게 이해했는지, 저자의 관점을 옹호하거나 비판하는 근거가 타당한지 등을 중점적으로 다룬다.

◎ **작전 타임 2**

상대측이 내세운 반론 중 타당하지 않은 점, 입증이 불가능한 주장, 논리적 허점 등을 찾아낸다.

◎ **반론꺾기**

앞에서 펼친 상대측의 반론이 타당하지 않거나 허점이 있다는 것을 근거로 들어 조목조목 반박한다.

주로 책의 내용에 대한 정확한 해석, 저자의 관점에 대한 입장, 저자의 주장을 사회에 적용했을 때 파생되는 문제 등을 구체적으로 짚어서 상대 측의 반론을 논박한다.

◎ 작전 타임 3

    자신의 팀은 물론 상대측의 발언 내용을 간략하게 정리한다. 입론과 반론펴기, 반론 꺾기의 과정에서 발언한 내용 중 일관성이 없거나 논리적인 모순점 등을 찾아낸다.

◎ 최종 발언

    마무리 단계이므로 먼저 자기 측의 입론과 반론에서 발언한 내용을 간략하게 요약한다. 이어서 상대측의 발언 내용을 간략하게 요약하고 비판한다. 청중을 향하여 책의 내용이 지닌 의미나 토론의 의미 등을 설득력 있게 전달한다.

- **논제 개방형 독서토론대회**
- 토론의 형식(규칙과 순서)

이 형식은 교보문고와 숙명여자대학교에서 주최하는 '교보-숙명독서토론대회'의 형식이다. 2명의 토론자로 구성되어있고 토론시간은 55분이 소요된다. 이 형식의 가장 큰 특징은 주최 측에서 논제를 제시하지 않는다는 점이다. 또 하나는 학생들이 논제를 직접 제시하여 토론 과정에서 확정하도록 규칙화했다는 점이다. 그러므로 논제가 처음부터 확정된 찬반형 토론과는 달리 토론마다 논의되는 논제가 달라질 수 있다. 논제를 학생들이 제시하므로, 당연히 논제의 수준도 심사의 대상이 된다.

한 가지 주의할 점은 이 형식은 찬반형 토론이 아니라 토의식 토론이므로, 부분적으로 상대 팀의 주장이나 입장을 수용할 수도 있다는 점을 염두에 두어야 한다. 상대 팀과 대립각을 세우려고 하다 자칫 자신의 입장을 유지하지 못하는 오류를 범할 수도 있다. 그러므로 논제를 정할 때에는 다음과 같은 점을 고려해야 한다.

- 책의 핵심 내용을 담고 있어야 한다.
- 저자의 주장이나 관점을 비판하거나 분석한다.
- 저자의 주장을 지지해주는 논거의 타당성을 따져본다.

- 저자가 제시한 방안이나 해결법을 우리 사회에 적용 가능한지 분석한다.
- 반드시 긍정과 부정의 대립적 논점이 가능한 것이어야 한다.
- 찬반 대립형 토론이 아니기 때문에 논제를 의문형으로 제시해도 좋다.

◎ **원탁토론대회**

　제시된 주제를 여러 조로 나누어 의견을 모은 후, 패널을 선정하여 패널들로 하여금 패널 토의를 하게하는 방식, 많은 사람들을 한꺼번에 참여하게 하는 장점이 있다.

◎ **100분 토론**

　정치적, 사회적 이슈를 가지고 진행하는 텔레비전 토론 방식, 비형식 토론과 형식 토론을 적절하게 섞었다. 토론 기회의 공정성을 유지하려 하지만, 발언 시간의 공정성을 강요하지는 않는다.

우리나라의 초등학생 참가 디베이트 대회

◎ **청소년 독서토론 논술대회(초·중·고)**
　- 예선 : 독서논술문 1편
　- 본선 : 독서토론대회, 독서논술대회(둘 중 하나 선택)
　- 주최 : 청소년 출판 협의회, 2010년 3회

◎ **전국 초·중·고 디베이트 대회(한국기자협회 주최, 2012년 3회)**
◎ **각 교육지원청 주최 토론대회**
◎ **각 교육지원청 주최 과학토론대회**

디베이트 대회의 유형에는 토론의 과정과 절차를 중시하며 순서와 시간이 엄격한 경쟁 모형인 논쟁식 토론(형식 토론)이 있다. 예로서 정책 결정식(CEDA식) 토론, 미국 의회식 토론, 퍼블릭 포럼 디베이트 등이 있다.

그리고 순서와 시간, 과정과 절차 등이 느슨한 목표 달성식 탐구 모형인 비형식 토론이 있다. 예로서 논제 제시형 독서토론대회, 논제 개방형 독서토론대회, 원탁토론대회, 100분 토론 등이 있다.

03 디베이트 대회 참가자 준비 방법

디베이트 대회의 규칙과 순서 지키기

 디베이트 대회에 출전한 토론자들은 스포츠 경기에 임하는 선수들처럼 제한된 시간 안에 각 대회별로 제시된 단계별 순서에 따라 맡은 바 역할을 잘 수행해야 한다. 그렇게 하기 위해서는 디베이트대회 주최 측에서 미리 알려 준 토론 대회의 규칙과 형식 등을 확실하게 숙지하게 해야 한다.

 디베이트 대회 당일 실전에 임하게 되면 긴장을 많이 하게 된다. 때로는 규칙을 잊어버리거나 자기가 할 순서를 순간적으로 놓칠 때도 있다. 이런 실수를 하지 않도록 하기 위해서 토론 대회가 시작되기 10~20분 전에 미리 토론할 장소에 가서 여유로운 자세로 형식과 규칙을 다시 한 번 확인하고 준비한 자료들을 마지막으로 정리한다. 그리고 토론이 시작되면 토론 흐름표에 반드시 메모를 한다. 토론 흐름표를 활용하면 디베이트 대회의 순서와 규칙을 놓치는 실수를 하지 않을 뿐만 아니라, 토론의 전체적인 흐름을 한눈에 파악할 수도 있는 일거양득의 효과가 있다.

토론 예절 지키기

 디베이트 대회는 토론 능력을 겨루는 게임이며 동시에 관객들과 심사위원들 앞에서 토론을 실행해 보이는 일종의 행사이다. 그러므로 디베이트 대회 때 주장할 내용적인 측면에서도 토론을 잘하는 것도 중요하지만 그처럼 토론을 할 때 예절을 잘 알고 실천할 수 있도록 지도해야 한다.

토론이 시작되기 전에 심사위원들과 상대 측 학생들에게 미소가 담긴 눈 인사를 가볍게 한다.

토론이 시작되기 바로 전에는 긴장이 고조되는 시점이라 어색한 분위기가 되기 쉽다. 이때 긴장을 풀고 상대 측의 토론자들, 청중, 심사위원들에게 정이 담긴 눈 인사를 가볍게 하면 긴장도 풀어지고 상대 측에 대한 예의로 갖출 수 있게 된다.

각 단계의 시작과 끝을 분명하게 알린다.

디베이트 대회에서는 교실에서 하는 토론수업과는 달리 앞에 나와 서서 발언을 하는 경우가 대부분이다. 따라서 자기가 해야 할 순서에 맞추어 앞에 나와서, "찬성 측 입론을 시작하겠습니다."와 같이 시작점을 분명하게 알리고, 자기가 준비한 의견과 근거를 발표한다. 발표를 마친 다음에는 역시 "이상으로 찬성 측 입론을 마치겠습니다."처럼 끝나는 시점을 정확하게 알리도록 지도한다.

정해진 발언 시간을 정확하게 지켜야 한다.

입론 3분, 반론 5분과 같이 각 단계마다 시간이 정해져 있으므로 이 시간을 정확하게 지켜야 한다. 대개 대회가 시작되기 전에 사회자는 시간 초과에 대해 주의를 주고 감점을 이야기 해준다. 그런데 토론에 몰두하다 보면 정해진 시간 보다 더 길게 이야기 하는 경우가 자주 있다. 디베이트 대회에서는 사회자나 도우미가 각 단계별로 종료 시간을 알리는 종을 친다. 종이 울리면 발표하고 있는 내용을 되도록 빨리 마무리 지어야 한다. 디베이트 대회의 종류 마다 다르지만 종료를 알리는 종이 울린 다음 20초, 혹은 10초가 경과하면 다시 종이 울리는데, 이 종이 울린 다음에도 계속 발언을 하면 감점의 대상이 된다.

자기 팀의 토론자가 발표할 때 개입하거나 보충 발언을 해서는 안 된다.

디베이트 대회에서는 교실 토론수업과는 달리 토론자의 역할이 분명하게 구분되어 있다. 하지만 대회에 따라서는 팀 전원에게 발언을 부여하는 경우도 있기도 하다. 그렇지만 대개 디베이트 대회에서는 자기가 발언하는 순서나 아닌 단계에서 개입을 하거나 보충발언을 하면 토론의 형식을 이해하지 못한 것으로 간주되어 감점의 대상이 된다. 반면에 신상 발언이나 의사 진행 발언이 있는 의회식 토론 형식에서는 예외이다. 토론하지 않는 학생은 자기측 토론자의 발언 내용도 토론 흐름표에 메모하여 다음 단계의 발언에서 중복되거나 놓치지 않도록 놓친 부분을 점검한다.

상대 측 토론자가 발언을 할 때에는 경청하는 자세로 끝까지 들어야 한다.

경청하는 것은 마음으로 상대 측의 발언을 이해하면서 듣는 것을 말한다. 경청한다고 해서 상대 측이 주장하는 것을 바라만 보고 있는 것이 아니라 토론 흐름표에 메모를 하거나 논거 카드에 반박할 내용을 정리하면서 들어야 한다. 또 자기 측 팀원들끼리만 알고 있는 기호나 속어 등을 사용하여 상대측이 알아듣지 못하게 해서도 안 된다. 반론 단계에서 교차 질의할 때 더욱 주의해야 하는데 상대 측의 발표 도중에 말을 자르거나, 지나치게 상대 측을 무시하는 태도로 몰아붙이는 식의 태도를 보여주어서도 안 된다. 상대 측이 실수를 하더라도 비웃거나 무시하는 태도를 취해서도 안 된다.

심사위원도 감정이 있는 사람들이기 때문에 아무리 발표 내용과 근거가 훌륭하다고 하더라도 이렇게 비인간적이고 오만한 태도를 가진 토론자들에게는 승리의 영광을 주고 싶지 않다. 왜냐하면 각 토론 대회의 심사기준표에 토론자들의 태도를 측정하도록 되어 있기 때문이다.

의사소통의 수칙을 지킨다.

토론자들은 청중과 심사위원, 그리고 상대 측 앞에서 자기 측의 주장을 강력하게 펼친다. 토론을 할 때 상대 측과의 의사소통은 물론 청중과 심사위원들과도 의사소통을 하게 된다. 따라서 청중들과 심사위원이 모두 들을 수 있도록 적당한 목소리로 정확하게 말해야 한다. 또 토론의 핵심 쟁점이 무엇인지 명확하게 알리고 논점을 들을 때에도 유목화하여 '첫째, 둘째.....'와 같이 열거하면 훨씬 알아듣기 편리하다. 중요한 의사소통의 방법은 발표를 할 때 두괄식으로 주장을 먼저 말하고 근거나 사례들을 제시하면 심사위원이나 청중들이 혼동하지 않고 내용을 일목요연하게 파악할 수 있는 장점이 있다.

디베이트 대회에서 사용하면 편리한 토론 흐름표

토론 흐름표란 토론의 흐름을 내용별로 정리한 메모가 적혀 있는 용지이다. 이것의 장점으로는 첫째, 자기 측은 물론 상대측의 논증 구조를 제대로 파악하고 토론의 흐름을 한눈에 간파하여 토론을 주도적으로 이끄는 데 도움을 준다. 둘째. 토론 흐름표를 만들어 놓고 있으면 토론이 진행되는 동안 여유를 가지고 민첩하게 대응할 수도 있다. 셋째, 다음 토론에 대비하여 전략을 수정하거나 강화할 것들을 보충하기도 하고 예상하지 못했던 질문에도 어느 정도 응용하여 즉각적으로 대비할 수도 있다.

토론 흐름표 만드는 방법은 나름대로 창의적으로 만들면 된다. 그 일례로 토론 대회의 규칙과 순서 등 토론 형식에 따라 A4 용지나 B4 용지 정도의 크기로 표를 만들어서, 그 안에 토론 내용을 한눈에 파악할 수 있도록 요약하고 정리하면 된다. 세로축(행)에는 입론, 최종변론, 반론이라는 디베이트의 단계를 기록한다. 가로축(열)에는 찬성 측과 반대 측 및 각각의 의견과 자료들을 기록할 공간을 만든다.

디베이트에서 토론의 내용을 정리 할 때의 주의 점

발언 내용을 기호화 한다.

상대 측의 발언 내용을 메모하려면 말의 속도를 따라잡기 힘들어서 중요한 부분을 놓치게 된다. 그러므로 "10% 증가한다"는 "10%↑"로 "개념은 다음과 같다"는 "개" 등과 같이 자신만의 기호로 활용한다.

번호로 표기하고 소제목을 적는다.

"상대 측이 주장하는 내용들이 '애완동물을 아파트와 같은 공동주택에서 키워도 된다' 라는 논제에 대해 우리들이 찬성하는 논거는 다음과 같이 다섯 가지가 있습니다."라고 말했을 때,

① 정서적인 안정감을 주는 반려동물
② 주민들의 동의를 얻으면 O
③ 공동주택의 증가로 애도 키울 공간 부족
④ 생명의 소중함
⑤ 사회경제적 이득

과 같이 번호로 표기하고, 핵심 내용에 소제목을 붙여서 메모하면 한 눈에 파악할 수 있다.

관련된 주장을 선으로 연결한다.

입론에서 나온 주장은 반드시 확인 질문이나 반박에서 반복적으로 다루어진다. 그러므로 관련 내용들을 선으로 연결하면, 어떻게 논의가 진척되었는지 어떻게 관련이 있는지를 한 눈에 파악할 수 있어 답변이나 반박할 때 명확하고 신속하게 대처할 수 있다.

디베이트 형식과 학생들 배정 방법

　디베이트의 형식 안에는 규칙과 순서는 물론 구성원의 수와 각 단계별 역할, 총 토론시간 등에 대한 정보가 담겨 있다. 따라서 먼저 형식을 면밀하게 분석하여 토론자를 어떻게 구성할지, 내용 면에서 구체적으로 무엇을 준비할지 등에 대해 계획을 세워야 한다.

　대회에 출전할 토론자를 찾을 때에는 가깝고 먼 관계를 떠나서 각 단계별 역할에 알맞게 토론할 수 있는 역량을 지녔는지 먼저 알아보아야 한다. 말하기가 뛰어난 학생이라면 입론 단계에서, 분석력이나 순발력이 강하고 논리적인 말하기를 잘하는 학생은 반론 단계에서 실력을 발휘하고 설득력과 종합력이 우수하면 최종 변론을 담당한다.

　각자의 능력이나 하고 싶은 역할을 배분하고 부족한 부분은 어떻게 할 것인지 모둠원들끼리 충분히 논의해야 한다. 이 부분에 소홀하기 쉬우나, 실제 토론에 임하게 되면 서로 긴밀하게 의사소통을 해야 하고 서로 원활하게 도움을 주어야 한다.

디베이트 대회 참가학생들의 효율적 지도방법

논점 분석과 자료 조사 및 제시 방법에 주력한다.

　논점 분석이 토론 준비에서 가장 핵심적인 단계라는 점은 이미 알고 있는 사실이다. 특히 토론대회에서는 찬성과 반대 양 팀에 모두 참여하게 되므로 찬성 측과 반대 측에서 주장할 논점 분석을 철저하게 해야 한다. 또 어떤 팀을 만나게 될지 예측할 수 없는 상황이므로, 양 팀에서 가능한 모든 논점을 찾아보고 분석하여 만반의 준비를 해야 한다.

　이제까지의 토론대회를 살펴보면 대회의 논제는 토론대회를 개최하는 주최 측의 지향점이나 교육적 관점 등을 반영하는 경향이 강하다. 예를 들면 중앙선거방송토론위원회에서 주최하는 토론대회에서는 주로 선거와 관련된 논제를 제시하였고 5·18 기념재단에서 주최

하는 토론대회에서는 주로 민주사회와 관련된 논제를 다루었다. 또 과학창의재단 주최 토론대회에서는 유기농산물이나 탄소배출권 등의 과학과 관련된 논제를 다루는 것은 지극히 당연한 일이다. 이런 점을 생각하여 논제를 분석할 때 사회 상황이나 역사적 배경 등을 충분히 조사해야 한다. 토론의 성공 여부는 논점 분석과 자료 조사 및 제시를 어떻게 하느냐에 달려 있다.

입론서를 명쾌하게 작성한다.

토론대회에서는 직접 면대면 토론을 하기 전에 입론서를 요구하는 경우가 대부분이다. 입론서를 요구하는 목적은 논리적 사고력이나 비판적 사고력, 책을 읽고 비판적으로 분석하는 능력을 지닌 학생들을 선발하려는데 있다.

논술문이 아닌 연설문을 작성하거나, 또는 독서토론대회의 경우 독후감을 제출하는 학생들이 종종 있다. 이는 입론서의 범주에서 벗어나므로 선발 과정에서 탈락하는 경우가 흔하다.

토론대회에 제출하는 입론서를 쓸 때 다음의 사항을 염두에 두어야 한다.

- 서론, 본론, 결론이 분명한 글을 쓴다.
- 찬성이나 반대 측 양쪽의 입장을 정한다.
- 양 측의 입장을 지지하는 논점을 3~4개로 항목화하여 전개한다.
- 각 논점을 지하는 근거와 사례를 제시한다.
- 논거를 바탕으로 상대측의 논점을 비판한다.
- 자신이 택한 주장에 대해 확신에 찬 어조로 표현한다.
- 문장을 짧게 단문으로 써서 정확하게 의미 전달이 되도록 힘쓴다.

논리적인 주장에 대한 근거 카드를 만든다.

토론대회에 출전하는 학생들이 준비해야 할 것 중에 으뜸이 바로 논리적인 주장을 뒷받침해 주는 근거 카드이다. 토론대회장에서 토론자들은 전쟁터에서 장병들이 귀중한 총과 탄약을 가지고 다니듯이 근거 카드를 매우 소중이 여기는 장면을 많이 볼 수 있다. 토론대회 참가자들에게 근거 카드는 보물 제 1호와 같은 것이다.

논증 근거 카드는 그동안 조사한 자료를 활용하기에 편리하도록 정리한 것이다. 근거 카드를 만들게 되면 일단 자기가 활용하고자 하는 자료를 체계적으로 정리할 수 있다. 그리고 토론에서 필요한 자료를 빨리 찾아내어 적재적소에 효율적으로 사용할 수 있는 강점이 있다.

토론대회에서 찬성 측과 반대 측 어느 입장에서 주장을 해야 할지 모르기 때문에 물론 찬성 측과 반대 측의 양 팀 모두의 주장과 근거를 준비해야 하는 것은 당연하다. 찬성과 반대를 번갈아가면서 주장할 수도 있고 어떤 팀과 어떤 방식으로 대적할지 전혀 예측할 수 없기 때문이다. 양 팀이 비슷한 자료나 통계를 가지고 있을 지라도 입장에 따라 전혀 다른 해석을 내릴 수도 있다. 이런 오리무중과 변화무쌍한 토론대회에서 만족할만한 성과를 거두려면 교실에서 토론수업을 할 때 보다 질적으로나 양적으로 풍부한 논점과 근거를 가지고 있어야 한다. 그러기 위해서 논제가 내포하고 있는 논점 분석과 그것을 뒷받침하여주는 자료를 조사한 내용을 카드에 주도면밀하고 일목요연하게 정리하는 것이 선행되어야 한다.

근거 카드를 만들 때에는 긴박하게 진행되는 순간마다 빠르게 대처할 수 있도록 활용성이 높게 정리해야 한다. 근거 카드를 말들 때의 주의사항은 아래와 같다.

- 논점별로 글자의 색이나 카드의 색을 구분한다.
- 근거자료에 번호를 매기는 등과 같이 자기 나름의 일관성을 유지한다.
- 가능한 한 가지 논리적인 주장을 뒷받침하는 내용들은 카드 한 장에 기록한다.
- 입론, 반론, 최종 변론의 단계에 사용할 것, 혹은 2단계, 3단계 공통적으로 사용할 것을 분류한다.

토론 개요서를 충실하게 작성한다.

일반적으로 토론 개요서는 자기 팀의 토론 전략이나 전술을 세우고, 상대 측의 공격이나 주장에 대비하는 계획서이다. 전쟁에 나가는 군인들이라면 작전 계획서에 해당한다. 그런데 교실 토론수업과는 달리 토론대회에 출전하는 경우에는 찬성과 반대 양 팀의 주장 모두를 준비해야 하므로, 논제에 대해 접근 가능한 모든 방법을 예측하여 찬성과 반대의 양 입장에서 취할 수 있는 모든 주장과 근거를 가지고 있어야 한다. 지금까지 논제가 지난 논점을 분석한 것, 자료 조사한 것 등을 전체적으로 충분히 검토하여, 어떤 가설과 전략들이 가능한지 분석하고, 가능한 전략에 따라 구체적으로 각 단계마다 어떻게 진행할 것인지 치밀하고 세밀하게 대비해야 한다. 여기에 그치지 않고 다른 팀들은 어떤 주장과 근거 및 전략을 사용할 것인지 예측해 보아야 한다. 이에 대한 대비를 어떻게 세울 것인지 등을 검토해야 한다.

상대 측의 질문에 대해 철저하게 준비한다.

상대 측의 질문에 대해 철저하게 준비하는 것은 쉽지 않다. 왜냐하면 어떤 공격과 질문을 해 올지 예측하기가 어렵기 때문이다. 그렇다고 팔짱을 끼고 있을 수만은 없지 않은가? 그래서 토론대회에 출전하는 학생들은 교차 질의에 해당하는 질문을 소홀히 했다간 예상하지 못한 질문에 의도하지 않은 답변을 하여 오히려 감점을 당하는 일도 초래할 수 있다. 토론 대회에서 우수한 성적을 거두려면, 대회 전에 같은 팀끼리 팀을 나누어서 예비 토론을 해 보면 좋다. 그렇게 되면 가능한 많은 논점을 예상하고 그 논점 하나마다 질문할 내용이 무엇인지 찾아볼 수 있다. 또한 그에 따른 예상 질문을 만들어 보는 방법으로 질문을 대비해야 한다.

답변자들의 대답의 유형은 다양할 것이다. 구체적은 근거로 자기 측이 주장하는 내용을 공격하는 경우나 '예' 또는 '아니오'로 대답하는 경우로 상정해 볼 수 있다. 뿐만 아니라 되물어 올 수도 있는 경우도 놓쳐서는 안 된다. 가능한 모든 경우의 수를 대비해서 세밀하게 준비해야 한다.

모의 토론을 해 본다.

토론 대회에 완전무결하게 대비한다는 것은 무척 어렵다. 어찌 보면 매우 어렵고 힘든 과정이다. 되도록 완성도가 높게 대비하는 한 가지 방법은 되도록 일찍 준비에 들어가서 같은 팀끼리 찬성 측과 반대 측으로 나누어 모의 토론을 많이 해 보면서 논점을 익히는 것이다. 수차례 모의 토론을 하다 보면 찬성 측과 반대 측의 강점과 약점을 알게 되고 미처 생각지도 못했던 의견과 근거도 알게 된다. 또 동일한 근거에 대해 전혀 다른 각도에서 해석이 가능하다는 것도 알게 된다. 그렇게 되면 자료를 찾아 근거 카드를 보완하는 작업을 거듭하게 되니, 분명한 논점을 알게 되고 근거와 자료들도 따라서 풍부해 진다. 또 반론 단계에서 상대측에게 반박이나 교차 질의할 내용도 잘 알 수 있다.

04 실전 디베이트 논제와 필수쟁점 5개

논제 1	
논제의 영역	국내 사회, 정치, 경제 분야
논제의 종류	정책논제

• 논제 명 • 국민 복권 발행 제도는 필요하다.

논제의 선정 배경 요인

요인 1
- 국민 복권에 대해 많은 사람들이 여러 가지 관점에서 이야기 하고 있는 단골 주제이다. 복권을 판매함으로써 사회의 긍정적인 정책을 개발하는 데 보탬이 될 수 있다. 그러나 당첨 확률이 극히 낮아 개인적으로는 경제적인 손실을 보는 부작용도 만만치 않다.

요인 2
- 복권 제도를 옹호하는 사람들은 복권도 자체보다는 복권 제도를 운영하는 잘못된 점을 개선해야 한다고 주장한다.

요인 3
- 복권의 판매금 상당 부분이 노동 계급의 구매자를 통해 박물관 등과 같은 각종 문화 사업, 저소득층 주택 건립 비용 등에 사용되어 그 수익금이 사회적인 부를 재분배하는 효과가 있다.

논제에 대한 찬성 측과 반대 측의 〈필수 쟁점〉

찬성 측
"국민복권 발행하자"

복권은 가난한 사람들에게 현재의 어려움을 극복하고 나도 부유해질 수 있다는 희망을 갖게 해 준다.

국민 복권은 복권의 의미보다 여러 사람의 돈으로 여러 소외 계층을 지원하는 데 더 큰 의미가 있는 제도이다.

복권도 일종의 상품이므로 복권을 판매하는 점포나 작은 식품점을 운영하는 사람들에게 경제적으로 도움을 준다.

반대 측
"국민복권 발행을 반대한다"

번개를 맞아 죽을 확률보다 낮다고 말할 정도로 복권은 당첨 확률이 미미하다. 실질적으로 돈을 낭비하는 것일 뿐이다.

부자들보다 가난한 사람들이 더 복권을 사는 것에 집착할 수밖에 없다. 경제적으로 부유한 사람들이 복권을 사서 가난한 계층을 도와야 하는데, 이 반대의 현상이 나타나는 것이다.

복권은 정당한 노력을 한 다음 대가를 주는 가치관을 버리고 운에 의해 생활하게 되는 도박성 심리를 키운다.

논제 2

논제의 영역	국내 사회, 정치, 경제
논제의 종류	정책논제

• 논제 명 • 국유사업을 민영화해야 한다.

논제의 선정 배경 요인

요인 1

– 민영화란 국가가 소유하여 운영하던 여러 가지 기업체를 일반 기업처럼 경쟁을 토대로 이윤을 최대로 끌어올리는 것을 말한다. 뉴질랜드는 많은 사업을 국유에서 민영 체제로 변경시켜서 국민 소득이 늘어나고 국가의 재정이 증가하여 부강한 나라로 변했다.

요인 2

– 국가에서 어느 정도 손해를 받아들이고 운영해서 경제적으로 어렵거나 사회적 지위가 낮은 사람들이 혜택을 누리던 부분을 민영화함으로 인해 서비스 사용비가 올라서 제대로 이용하지 못하는 경우가 있다. 국영으로 존재하는 회사들은 국민의 기본적 생활과 밀접한 관련을 맺고 있는 분야이므로 민영화하면 안 된다.

요인 3

– 국영기업을 민영화할 때, 기업들 서로 간의 경쟁 속에서 각 기업들은 가격을 인하하고 상품의 질을 개선하고 고객의 마음을 사로잡으려 노력하게 되어 결국에는 국민 모두에게 많은 이익을 안겨줄 것이다.

논제에 대한 찬성 측과 반대 측의 〈필수 쟁점〉

찬성 측
'국유 사업을 민영화하자'

반대 측
'국유 사업 민영화 반대한다'

대부분의 나라에서 자유 시장에서의 경쟁 체제와 사유재산제도의 장점을 인정하고 있다.

복지에 사용되는 비용의 증가율은 전체 경제 성장률보다 빠르게 상승하고 있다. 이러한 부분에 민간투자가 필요하다.

자유시장의 민간 산업 체제를 움직이는 힘은 바로 경쟁이다. 경쟁력을 갖기 위해 각 기업들은 가격을 인하하고 상품의 질을 개선하여 고객의 마음을 사로잡고자 하므로 민영화는 서비스와 상품의 질을 높일 수 있다.

수익을 좇는 구조에서는 사회적 약자들의 고통이 문제가 된다. 국가에서 반드시 담당해야 하는 문제를 사기업이 맡게 되면 수익성이 떨어지는 부분의 사업은 중지되어 국민들의 부담이 늘 것이다.

국가 안보, 안전과 관련된 철도 사업이나 무기 사업 등을 민영화하면 안 된다. 보다 적게 투자하고 많은 이익을 남기려 할 것이기 때문에 국민의 안전이 위협받을 수 있다.

의료 보험과 교육의 민영화는 국민의 생명과 교육의 기회를 담보로 잡을 수 있다. 가난한 사람들은 훌륭한 교사와 의사들의 서비스를 부자들에게 빼앗길 것이다.

논제 3

논제의 영역	사회, 도덕, 종교, 법률
논제의 종류	정책논제

● 논제 명 ● 안락사는 보장되어야 한다.

논제의 선정 배경 요인

요인 1

– 과학기술의 발달로 인해서 인간의 의식이 없는 상황에서 생명이 연장되고 있다. 옛날에는 있을 수 없는 일이 빈번히 일어나고 있고, 우리 모두 이와 관련된 문제에 대해 생각해 봐야 한다.

요인 2

– 자발적인 안락사란 한 개인의 요청으로 치명적인 약을 주사하여 그 사람의 고통을 멈추게 하고 죽음을 맞이하게 하는 것이다. 강요된 안락사란 불치병을 앓고 있는 사람이나 일정 연령 이상의 고령자에게 본인의 의사와는 관계없이 죽음을 맞이하게 하는 것으로서 세계 어느 나라에서나 살인으로 간주되고 있다.

요인 3

– 네덜란드에서는 1983년 이후로 자발적인 안락사가 법적으로 인정되고 있고 공식적으로는 매년 3,000명이 안락사를 요청하고 있다고 한다. 인간의 생명과 죽음에 대한 판단을 스스로 결정할 수 있도록 해야 할까? 아니면 무조건 막아야 할까?

논제에 대한 찬성 측과 반대 측의 〈필수 쟁점〉

찬성 측
'안락사를 선택하게 하자'

반대 측
'안락사를 막아야 한다'

인간은 인간으로서 품위 있게 죽을 권리가 있다. 고통을 더 이상 받아도 건강하게 살아날 가능성에 대해 누구도 보장할 수 없는 상황이라면 계속 고통을 받으며 목숨만 유지하는 것은 의미가 없다.

안락사를 보장해줌으로써 가족들의 고통을 덜어주어야 한다. 환자 가족들도 환자 못지않게 괴로운 삶을 살게 된다. 거기에 경제적인 부담도 만만치 않다. 산 사람은 살아야 한다.

호주의 참사람 부족은 죽을 때가 되었다고 생각하면 스스로 사막에 나가 2분 간 몸의 모든 기능을 닫고, 그 후 바로 죽음을 맞이한다. ('무탄트 메시지' 내용 중) 자신의 삶은 자신의 뜻대로 마감하는 것이 옳다고 믿는 신념에서 나온 풍속이다. 안락사도 이와 같은 신념에서 허용되어야 한다.

안락사는 인간의 생명을 경시하는 행동이다. 어떤 경우라도 생명은 자연스럽게 죽음을 맞이하기 전까지 함부로 빼앗아서는 안 된다. 환자에게 안락사 여부를 묻지 못할 상황인 경우, 타인이 그의 생명에 대한 권한을 갖게 되는 것이 과연 옳은가?

안락사를 선택할 수 있도록 한다면 인간의 생명보다 돈이 더 가치 있다는 생각을 갖게 만들지 모른다. 재정적 여유를 위해 쉽사리 안락사를 선택할 수 있는 가능성을 열어두게 될 것이다.

안락사가 법적으로 허용된다면 지금같이 재산 상속이나 보험사기 등과 같은 경제 범죄가 많은 상황에서 더욱 많은 사례의 범죄가 나타날 수 있다.

논제 4	
논제의 영역	건강, 과학, 기술, 문화
논제의 종류	가치논제

• 논제 명 • 미용을 위한 성형수술은 좋은 행동이다.

논제의 선정 배경 요인

요인 1

- 성형 수술에 중독되어 그 부작용에 시달리는 사람들이 증가하고 있다. 외모 콤플렉스를 극복하고 자신이 바라는 모습이 되어 자신 있는 태도로 생활하려고 했지만 결국은 더 안 좋은 결과를 맞이한 경우다.

요인 2

- 갈수록 외모를 지나치게 중시하게 되는 풍조가 만연하고 있다. 직업상 외모가 크게 영향을 미치지 않는 경우에도 막연히 아름다워지자 수술을 하는 경우도 있지만 생계형 성형이라고 해서 취업을 위해 성형 수술을 하는 사람이 늘어나고 있다. 정말 '외모도 스펙(specification)'이라고 보아야 할 것인가?

요인 3

- 성형수술이 개인의 행복 추구권을 넘어 상업주의에 편승하여 많은 부작용을 일으키는 사회 문제가 됨으로서 이는 제고해 보아야 할 문제가 되었다. 그러나 성형 의술의 발달로 외국인들이 성형 수술을 위해 우리나라를 찾을 정도가 된 지금, 긍정적 작용을 하는 부분도 없지 않다는 점을 간과하면 안 될 것 같다.

논제에 대한 찬성 측과 반대 측의 〈필수 쟁점〉

찬성 측
'성형 수술 찬성해요'

외모가 개인의 능력 중 하나라는 의식이 확대되고 있다. 분명 외모도 가꾸면 달라지는 것이고 노력이 필요한 부분이며, 성형 수술을 통해 아름다워지는 것도 일종의 자기계발이다.

성형 수술은 개인의 자유와 행복을 추구하려고 하는 행동 중 하나이다. 선택의 자유에 속하는 문제를 누구도 뭐어라 할 수 없다.

자기가 정말 못생겼다고 생각해서 고통받는 사람도 있다. 성형 수술을 해서 외모 콤플렉스를 극복하면 자신감을 가지고 생활할 수 있다면 좋은 일이 아닐까.

반대 측
'성형 수술 반대해요'

성형 수술이 무조건 성공적이며 좋겠지만, 그렇지 않은 경우도 생긴다. 성형 부작용과 같은 좋지 않은 결과로 인해 정신적으로 고통 받고, 삶의 질이 떨어진 사람도 많다.

성형 수술은 개인적 행복 추구의 차원을 넘어서 사회 문제로 확산되고 있다. 전 세계에 '대한민국은 성형 왕국'이라는 이야기까지 나오는 마당에 권장할 덕목이라 할 수 없다.

요즘 성형 미인들을 보면 다들 똑같아 보일 정도로 정형화되어 있다. 성형으로 인해 아름다워진다 해도 그것은 진정한 아름다움일까.

논제 5

논제의 영역	교육, 사회, 문화, 청소년
논제의 종류	가치논제

••논제 명•• 중·고등학교의 수준별 수업은 필요하다.

논제의 선정 배경 요인

요인 1

– 수준별 수업 실시에 대해 정서적으로 매우 민감한 시기에 있는 청소년들의 심리적 위화감을 생각해야 한다. 경쟁심에 보다 높은 그룹에 가기 위해 열심히 노력하는 학생들도 있겠지만, 자신이 원하는 그룹에 도달하지 못해 좌절과 괴로움에 휩싸여 학교생활을 하는 아이들이 더 많을 것이다.

요인 2

– 어떤 교육학자들은 수준별 수업을 통해 이득을 얻는 학생들은 학업 성적이 우수하여 상위 그룹에 속해 있는 학생들이라고 주장한다. 한 학급에 30명 내외의 학생들을 대상으로 수업을 할 때 각 학생의 수준에 알맞은 수업을 한다는 것이 오히려 대다수의 학습권을 침해하는 것이라는 주장도 있다.

요인 3

– 학생들이 주도적으로 학습활동을 하는 상황에서 수준이 다른 친구들과 함께 공부하면서 서로 도와주는 가운데 오히려 학습의욕이 높아질 수 있다. 그리고 협동 학습이나 학습 수준에 따라 학습지 등을 이용해서 수준별로 공부하는 방법이 실질적으로 학생들에게 유익하다는 견해도 있다.

논제에 대한 찬성 측과 반대 측의 (필수 쟁점)

찬성 측
'수준별 수업 필요하다'

학생들의 수준에 알맞게 수업을 실시한다면, 시간의 낭비 없이 효율적인 수업이 이루어질 수 있을 것이다. 다양한 수준의 학생들을 한꺼번에 가르치는 것은 교사의 입장에서 매우 어렵고, 비효율적인 일이다.

학교 수업의 세분화로 학습의 질이 올라가게 되므로 어느 정도 사교육을 줄이는 효과도 있을 수 있다. 학생의 입장에서 보았을 때도 훨씬 세심한 지도를 받을 수 있어 좋을 것이다.

수준별 수업을 실시한다고 하면, 학생들은 모두 좀 더 나은 수준의 반에서 수업을 받고 싶어 할 것이다. 이렇게 경쟁심을 자극하여 조금 더 나은 수준으로 올라가고자 노력하는 동기를 유발할 수 있다.

반대 측
'수준별 수업 필요 없다'

수준별 수업 실시는 정서적으로 민감한 청소년들 사이에 위화감을 조성하고, 지나친 경쟁심을 유발하여 올바른 인격 형성에 저해 요인이 될 수 있다.

각 개인의 수준을 정말 세분화되지 않은 막연한 우열 가르기 식의 수준별 수업은 실질적인 수준별 수업이 되지 못한다. 다만 부작용을 낳을 뿐, 큰 효과를 거두지 못할 것이다.

실력이 낮은 그룹에 배정된 학생들의 심리적 좌절과 학력 저하 및 학교 등교에 대한 거부감은 청소년들의 학업 지장을 유발하는 원인이 될 수 있다.

참·고·문·헌

Chapter 01 공부의 방법을 바꿔주는 디베이트

1. 정문성(2008). 토의·토론 수업방법. 경기: 교육과학사, 26~30.
2. Lynch, T.(1996). Basing discussion on learners questions: an experiment in (non)course design. Edinburgh working papers in Applied linguistics N. 7, 72~84.
3. 고재학(2010). 부모라면 유대인처럼. 경기: 위즈덤 하우스, 8~13.
4. 오긍 저, 김원중 옮김(2010). 정관정요. 경기: 글항아리, 80~85.
5. 박보영(2008). 대립토론. 서울: 나온, 5~6.
6. 중앙일보사(2006). 이코노미스트. 1.10. 44~45.
7. 백지원(2009). 왕을 참하라! 上. 서울: 진명출판사, 156~160.
8. 松本導弘 저, 한국디베이트연구소 역(1987). 디베이트入門. 서울: 한국경제신문사, 26~27.
9. 松本導弘 저, 한국디베이트연구소 역(1987). 디베이트入門. 서울: 한국경제신문사, 28~29.
10. 중앙일보사(2006). 이코노미스트. 1.10, 26
11. 중앙일보사(2006). 이코노미스트. 1.10, 37
12. 황연성(2011). 신나는 디베이트. 서울: 이비락.

Chapter 02 누구나 할 수 있는 디베이트

1. 강병재(2003). 토론학교. 서울: 여름언덕, 62~63.
2. 강병재(2003). 토론학교. 서울: 여름언덕, 108~111.
3. 김주환(2009). 교실토론의 방법. 서울: 우리학교, 83~87.
4. 김혜숙 외(2011). 생각을 키우는 토론수업 레시피. 경기: 교육과학사.
5. 박상준(2011). 사회과 교육의 이론과 실제. 경기: 교육과학사, 54~374.
6. 서울특별시(2011). 메트로 서울 6. 9일자 16면
7. 서울특별시교육연수원(2010). 2010 초등 토의·토론 프로 교사되기 직무연수집 35~37.
8. 서울특별시교육연수원(2010). 2010 초등 토의·토론 프로 교사되기 직무연수집 38~39.
9. 서울특별시교육연수원(2010). 2010 초등 토의·토론 프로 교사되기 직무연수집 45~54.
10. 신광재 외(2011). 토론을 알면 수업이 바뀐다. 경기: (주)창비.
11. 여희숙(2011). 토론하는 교실. 경기: 파란자전거.
12. 유동걸(2012). 토론의 전사. 서울: 해냄에듀, 58~60.
13. 황연성(2011). 신나는 디베이트. 서울: 이비락.

Chapter 03 디베이트 실전을 위한 방법들

1. 구정화(2009). 학교 토론수업의 이해와 실천. 경기: 교육과학사, 141~143
2. 박상준(2006). 사회과 교육의 이론과 실제. 서울: 교육과학사, 337~347.
3. 권도형 · 김경돈 · 김태훈 · 유지원(2010). 영어토론의 달인들. 서울: 다산북스, 126~129.
4. 권도형 · 김경돈 · 김태훈 · 유지원(2010). 영어토론의 달인들. 서울: 다산북스, 124~125.
5. 동아일보사(2012). 동아일보. 총보다 강했던 오바마 추모연설, 12.19
6. 중앙일보사(2004). 중앙일보, 선행학습 불이익 방침 타당한가, 2.10
7. 김혜숙 외(2011). 생각을 키우는 토론수업 레시피. 경기: 교육과학사.
8. 신광재 외(2011). 토론을 알면 수업이 바뀐다. 경기: (주)창비.
9. 여희숙(2011). 토론하는 교실. 경기: 파란자전거.
10. 황연성(2011). 신나는 디베이트. 서울: 이비락.

Chapter 04 교과토론과 그 밖의 토론 방법

1. 네이버 카페(2010). 창의인성 '한우리 부천 소사구' 독서토론 논술교육(하일샘), 10.17
2. 박보영(2008). 대립토론. 서울: 나온, 168~173.
3. 서울특별시 북부교육청(2005). 2005학년도 북부교육청 초등토의 · 토론 학습 체험자료, 52~55.
4. 서울특별시 북부교육청(2005). 2005학년도 북부교육청 초등토의 · 토론 학습 체험자료, 56~58.
5. 서울특별시 북부교육청(2005). 2005학년도 북부교육청 초등토의 · 토론학습 체험자료, 2~4
6. 신동엽(2013). 스토리 텔링 수학. 경기:북스토리, 60~71.
7. 엘레나 보드로바 등 저/김억환, 박은혜 공역(1999). 정신의 도구. 이화여자대학교출판부 p.206)
8. 조인제(2003). 사회과 협동학습으로서 원탁토론 수업모형의 개발과 적용 효과분석. 경기대학교 교육대학원 석사학위논문.
9. 한국교원연수원(2011). 교사를 위한 토의 · 토론 수업지도. 제23강.
10. 한국교원연수원(2011). 교사를 위한 토의 · 토론 수업지도. 제24강.
11. 한국교원연수원(2011). 교사를 위한 토의 · 토론 수업지도. 제25강.
12. 한국교원연수원(2011). 교사를 위한 토의 · 토론 수업지도. 제26강.
13. 황연성(2011). 신나는 디베이트. 서울: 이비락.

부록

1. 이상우(2011). 협동학습으로 토의 · 토론 달인되기. 서울: 시그마프레스.
2. 이정옥(2012). 토론의 전략. 서울: 문학과지성사.
3. 정문성(2004). 토의토론수업의 개념과 수업에의 적용모델에 관한 연구, 열린교육 연구 12집 1호, 150.
4. 트레버 새더 외(2011). PROS and CONS. 서울: 굿인포메이션.

도서출판 이비컴의 실용서 브랜드 '이비락'은 더불어 사는 삶의 긍정적인 변화를
가져다 줄 유익한 책을 만들기 위해 끊임 없이 노력합니다.
원고 및 기획안 문의 : bookbee@naver.com